Bruno Preisendörfer

Candy oder Die unsichtbare Hand

Bruno Preisendörfer

Candy
oder Die unsichtbare Hand

Nach einer berühmten Vorlage
des Herrn von Voltaire
erzählt und auf den Stand
der Neuen Weltordnung gebracht
Illustriert von Wolfgang Würfel

Im Verlag Das Arsenal

Typographie Werner Schwartz [Agentur Schwartz & Schwartz] · Berlin-Kreuzberg. **Druck** und Bindung Offset Druckerei Pohland · Augsburg. Alle Rechte vorbehalten. © by Verlag **Das Arsenal** Berlin 2012. ISBN 978 3 93110963 9

Die Erde ist rund und hat mehr als die zwei Seiten einer Medaille. Der Mensch kann ein Engel sein oder ein Teufel und manchmal beides zugleich. Auf der Erde, die mehr als zwei Seiten hat, laufen ungefähr sieben Milliarden von diesen teuflischen Engeln und engelhaften Teufeln umher. Sie leben, lieben, lügen, betrügen, kaufen und verkaufen (oft auch einander), sie beuten aus und werden ausgebeutet, sie unterdrücken und werden unterdrückt, sie fressen und – ja, auch das. Über allen waltet die unsichtbare Hand des Marktes. Sie bringt Ordnung in das Durcheinander. Auf lange Sicht wird alles gut, am Ende der Geschichte führen Konkurrenz und Kampf zu einer Welt, wie sie besser nicht sein könnte.

So lautet die Botschaft von Dr. Francis, der wie der Philosoph Pangloß in Voltaires *Candide* durch keine praktische Erfahrung von seiner Theorie abzubringen ist. Und wie Candide, der Zögling von Pangloß, muß auch Candy, der Schüler von Dr. Francis, die ganze Geschichte, die partout nicht zu Ende gehen will, in Form zahlreicher Abenteuer bestehen: Er befreit Prinzenland von der Armee eines Schurken, desertiert in Berlin, macht als Geisel der Heiligen Schüler eine Bruchlandung in Afghanistan, rettet seine geliebte Condola vor dem Warlord Bumbum und dem Waffenhändler Cash Flow. Dann verschlägt es ihn über Moskau, Balkanien und Balkanesien nach London und Hongkong und erneut nach Berlin und schließlich via Venedig nach Istanbul, immer seine Condola im Herzen und die Lehre von Dr. Francis im Sinn.

Für Pangloß war die Welt von vornherein in Ordnung: in »prä-stabilierter Harmonie«, wie er in Nachahmung und -äffung des

Philosophen Leibniz sagte. Und weil die Welt so hübsch prästabiliert harmonisch sei, könne sie nicht besser sein, als sie ist. In dieser besten aller möglichen Welten hat alles seinen Sinn, den größten Unsinn nicht ausgenommen.

Für Dr. Francis wird die Welt im nachhinein in Ordnung gebracht: von der »unsichtbaren Hand des Marktes«, wie er in Nachahmung und -äffung des Philosophen Adam Smith sagt. Und weil sich die Welt wegen der »Selbstheilungskräfte des Marktes« in einem nie endenden Genesungsprozeß befindet, gibt es zur unsichtbaren Hand keine Alternative. Nur Träumer und Spinner ignorieren die normative Kraft des Faktischen, nur Utopisten und Terroristen wünschen sich eine andere Welt.

Was immer auch Candide und Kunigunde zustieß, in den Augen von Pangloß hatte alles einen tieferen Sinn für einen höheren Zweck. Was immer Candy und Condola passiert, in den Augen von Dr. Francis sorgt die unsichtbare Hand auf lange Sicht für Wohlfahrt und Gerechtigkeit. Daß wir auf lange Sicht alle tot sind, wie der englische Ökonom John Maynard Keynes einmal bemerkte, läßt Dr. Francis nicht wanken in seinem Vertrauen in den Markt. Aber vielleicht ist die Hand des Marktes nur unsichtbar, solange das Vertrauen in den Markt blind ist. Wer die Augen öffnet, erblickt die eiserne Faust der Gier. Machtgier, Geldgier, Ruhmgier. Im Großen wie im Kleinen. Überall auf dieser runden Welt, die mehr als zwei Seiten hat. Und auf der es immer noch und immer wieder Gärten gibt, die man bestellen muß.

Berlin, im August 2011

Kap.
1

Wie Candy
in einem Landhaus in Florida aufwuchs
und dann von dort verjagt wurde

Auf dem Landsitz des erfolgreichen New Yorker Wirtschaftsprü-
fers Donald Redwood lebte zu Beginn der letzten Dekade des
zwanzigsten Jahrhunderts ein junger Mann mit offenem Herzen
und fröhlichem Sinn. Als Kind hatte er mit seinen braunen
Locken sehr süß ausgesehen, und vielleicht war deshalb sein Vor-
name Andy neckisch mit einem C kandiert worden. Candy war
die Frucht einer Affäre zwischen Mr. Redwoods Cousine Rose
und einem unbekannten Provinzanwalt. Die Familie hatte die
Heirat zwischen den beiden verhindert, denn Einkommen und
gesellschaftliche Stellung des drohenden Schwiegersohns lagen
weit unter zumutbarem Niveau. Die unglückliche Rose verzichtete ihrer Familie zuliebe auf den Mann, das Kind jedoch trug sie
aus. Bald nach der Geburt starb sie an ihrem Kummer und einer
Überdosis Schlaftabletten. Mr. Redwood ließ sich von seiner

Frau, die so heftig wie vergeblich nach einem eigenen Kind verlangte, dazu bewegen, den kleinen Candy ins Haus zu nehmen. Kurze Zeit später wurde Mrs. Redwood überraschend schwanger und brachte Zwillinge zur Welt. Candy wurde der Pflege der Köchin übergeben.

Mr. Redwood war Partner einer renommierten Unternehmensberatung und lebte die meiste Zeit des Jahres in einem Penthouse in Manhattan. Neben diesem Penthouse und dem Landsitz in Florida besaß er ein verschachteltes, nicht ganz durchschaubares Beteiligungsvermögen. Wenn ihm sein Beruf, seine gesellschaftlichen Verpflichtungen und das Golfspiel noch Zeit ließen, betätigte er sich als Kunstsammler und Mäzen. Zum Dienstpersonal gehörte eine Privatsekretärin und ein Chauffeur. Die erste bewunderte pflichtschuldig Mr. Redwoods Bonmots, der zweite lachte zuverlässig über Mr. Redwoods Herrenwitze.

Mrs. Redwood hatte nach der Heirat mit Mr. Redwood ihre Karriere als Anwältin auf sich beruhen lassen. Sie war dünn, fühlte sich dick und aß immer Diät. Sie sammelte Spenden für die Krebshilfe und die Republikanische Partei. Außerdem hielt sie einen Salon. Das Glanzlicht dieses Salons war Tochter Condola, ein hübsches, schlankes, vielversprechend böses Mädchen, bereit und willens, überall hinzukommen, besonders weiter nach oben, denn die Redwoods waren zwar vermögend und einflußreich, aber zum ersten Kreis der Mächtigen gehörten sie nicht.

In den Sommermonaten verbrachten Mr. und Mrs. Redwood viel Zeit auf dem Anwesen in Florida. Dort hatten sie regelmäßig Intellektuelle zu Gast, Talkshow-Akademiker, beliebte Querdenker, aber auch weniger berühmte Eggheads. Ein häufiger Besucher war Dr. Francis, der als Assistent des Beraters des Spindoktors des Abteilungsleiters für Global Policy im State Department in Washington arbeitete. Seine Leidenschaft galt der Neuen Weltordnung. Zu seinen abendlichen Kaminvorträgen war auch Candy zugelassen.

»Die Neue Weltordnung«, dozierte Dr. Francis, »ist die beste aller möglichen Weltordnungen. Mit dem Fall der Mauer, dem Zusammenbruch des Kommunismus und dem Sieg Amerikas ist die Geschichte an ihr Ende gekommen. Die Freiheit hat die Gleichmacherei überwunden. Die Zukunft wird liberal und demokratisch sein, überall auf der Welt werden die Gesetze des Marktes und die Menschenrechte gelten. Der allgemeine Kampf um Anerkennung wird mit wirtschaftlichen Mitteln geführt, die freie Konkurrenz gibt jedem eine Chance. Wenn die Reichen nicht länger vom Neid der Armen unterdrückt werden und das Investitionsklima günstig bleibt, werden die Fluten des Wohlstands eines Tages alle Boote heben. Deshalb müssen die Steuern gesenkt, die Sozialausgaben eingeschränkt und die Märkte und Menschen befreit werden, allerdings in der richtigen Reihenfolge.«

Candy hörte aufmerksam zu und glaubte in seiner Unschuld alles, was Dr. Francis lehrte. Wenn es auf freie Konkurrenz und Leistung ankam, nicht auf das Herkommen, die gesellschaftliche Stellung und ein großes Erbe, wenn das Zeitalter der Chancengleichheit angebrochen war, hatte dann Candy bei Condola nicht die gleichen Chancen wie die reichen jungen Männer, die karawanenweise in teuren Autos über die Kieswege des Anwesens rollten, wenn Mrs. Redwood eine Gardenparty gab? Candy bewunderte Condola aus der Ferne und träumte davon, in ihre Nähe zu gelangen.

Bei den Gardenparties war Candy gewöhnlich für das Barbecue zuständig. Er war sehr damit beschäftigt, dafür zu sorgen, daß immer genug Fleisch auf dem Rost lag. Doch eines Abends gelang es ihm, sich von den Steaks zu stehlen, in sein Zimmer zu laufen, die Grillschürze gegen einen adretten Leinenanzug zu tauschen und in die plaudernde Runde zu treten, von der Condola umringt wurde. Er sah blendend aus, lächelte Condola verliebt an, klopfte ihrem Zwillingsbruder freundschaftlich auf die Schulter und nickte allen fröhlich zu. Die jungen Männer lachten. Condola errötete und erbleichte, und an ihren betörenden Öhrchen blitzten die Brillanten. Dann packte sie Candy am Ellbogen und führte ihn beiseite. Die Unterredung zwischen den beiden verlief ganz anders, als Candy sich vorgestellt hatte.

Am nächsten Tag wurde er in die Bibliothek bestellt. Mr. Redwood teilte ihm mit, es sei Zeit, auf eigenen Füßen zu stehen und sich selbst eine Zukunft aufzubauen. Die Freiheit des Marktes gebe allen eine Chance, wie er von Dr. Francis wisse, an dessen Vorträgen man ihn großzügig habe teilnehmen lassen. Wer leistungsbereit sei, könne sich aus eigener Kraft nach oben arbeiten. Die amerikanische Geschichte liefere dafür zahllose Beispiele. Der Zwischenfall am Vorabend wurde nicht erwähnt.

Kap. 2
Was aus Candy bei der Army wurde

Candy war vom paradiesischen Anwesen der Redwoods vertrieben worden und irrte lange ziellos umher. Er verbrachte die Nacht in einem durchgängig geöffneten Schnellrestaurant an einer Ausfallstraße und schlief am Tisch sitzend, den Kopf auf die Arme gelegt. Auf einem Fernseher in der Ecke lief zwischen den Soaps und Nighttalks des Lokalsenders ein Werbespot für die US Army. Ein weißbärtiger Uncle Sam mit Sternenbannerzylinder deutete mit dem ausgestreckten Zeigefinger auf Candy und sagte: »I want YOU.« Am nächsten Morgen begegnete Candy Uncle Sam vor einem Rekrutierungsbüro wieder. Er ließ sich von dem Mann, dessen Anzug aus amerikanischen Fahnen geschneidert war, hineinführen. Man fragte Candy, ob er US-Bürger sei und die Freiheit für ein großes Gut halte. Er bejahte beides, unterschrieb ein Formular und wurde in die Army aufgenommen.
Während er gehorchte, die Hacken zusammenschlug und brüllend Befehle wiederholte, erinnerte er sich an das, was Dr. Francis über die Freiheit gesagt hatte. Er kroch im Staub, stürmte über

Hindernisse und lief stundenlang mit 50 Kilogramm Marsch-gepäck im Kreis. Wenn er abends vor Übermüdung nicht ein-schlafen konnte, lauschte er dem Schnarchen seiner Kameraden, allesamt Freiwillige, von denen ein Drittel aus schwarzen Ghet-tos kam, ein Drittel aus weißen Armenvierteln, und das letzte Drittel aus den Gefängnissen. Er dachte an Condola und stellte sich vor, sie wäre ins Elend geraten: Die reichen jungen Männer von den Gardenparties hatten sie im Stich gelassen, aber er würde Karriere machen, mit weißem Cadillac und roten Rosen vorfah-ren und sie retten, so ähnlich wie Richard Gere in *Pretty Woman*. Eines Morgens, als er im Traum darüber nachsann, wie der Ca-dillac für Condolas Rettung auf dem freien Markt zu beschaffen wäre, verschlief Candy den Appell. Er wurde vor versammelter Mannschaft furchtbar heruntergeputzt und mußte nach dem Wegtreten der Kompanie auf dem leeren Appellplatz weiter strammstehen, allein mit der amerikanischen Flagge, die in der Sommerhitze schlaff am Mast hing. Schon am frühen Nachmit-tag war Candy kurz vor dem Kollaps, wagte es aber nicht, für das dringende Bedürfnis, das ihn zu übermannen drohte, an einen Ort zu gehen, der weniger verfänglich war als sein Platz neben ei-nem Pfosten, an dem die amerikanische Fahne hing. Aber die Freiheit verschaffte sich ihr Recht, und in unerträglicher Erleich-terung spürte Candy, wie sie ihm warm die Beine hinabbrann, be-vor er vor Scham und Erschöpfung ohnmächtig zusammen-brach.

Candy wurde mit einem Eimer Wasser und etlichen Ohrfeigen wieder zu sich gebracht, begnadigt und mit seinen Kameraden nach Prinzenland verschifft, um die Ölquellen zu befreien, die ein mesopotamischer Schurkenstaat besetzt hatte, der Neuen Welt-ordnung zum Trotz.

Kap. 3

Wie Candy in der Wüste kämpfte,
nach Deutschland kam und der Army davonlief

Man kann sich nichts Schöneres, Tüchtigeres, Glänzenderes und Wohlgeordneteres vorstellen als die amerikanische Armee. Sie war ganz vom Kampf für die Neue Weltordnung durchdrungen. Jeder einzelne Soldat, ob er nun aus dem schwarzen Ghetto, dem weißen Armenviertel oder dem Gefängnis gekommen war, brannte darauf, sein Leben für die Freiheit der Prinzen zu geben, die in ihren Palästen tapfer ausharrten, bis die Truppen des schnauzbärtigen Schurken von den Quellen ihres Reichtums vertrieben waren.

Als der Kampf begann, vollführten die Panzer, Helikopter, Jagdbomber und Lenkraketen ein wahres Höllenkonzert. In langen Kolonnen flohen die Divisionen des Feindes. Viele blieben in der Wüste liegen, und es war eine Freude zu sehen, wie sie in ihren

Panzern von der Sonne und dem Kanonenfeuer geröstet wurden. Jeden Tag trat General Graubein vor die CNN-Kameras und zeigte wie ein Erdkundelehrer mit einem langen Stab auf Landkarten und Stadtplänen herum, die mit Fadenkreuzen übersät waren.

Auch Candy ließ sich abends vor dem Fernseher sitzend den Krieg erklären, an dem er tagsüber freiwillig teilnehmen mußte. Tagsüber konnte er am Horizont die schwarzen Rauchwolken über den Ölfeldern sehen, die von der Armee des Schurken auf dem Rückzug angezündet worden waren, und abends auf dem Bildschirm die brennende Hauptstadt des Schurken. Tagsüber sah er die Soldaten des Schurken zu Hunderten neben ihren Tanks die weiße Fahne schwenken, abends wunderte er sich vor dem Fernsehapparat im Feldkasino über die Bettlaken, die von Berliner Balkonen flatterten, als wollte sich die Stadt, in der laut Dr. Francis die Geschichte aufgehört und die Neue Weltordnung begonnen hatte, einem Feind ergeben, der Tausende von Meilen entfernt in heilloser Flucht begriffen war.

Im Feldlager dachte Candy hin und wieder an Condola. Wieviel schöner war es doch, in der lauen Abendluft hinter dem Grill zu stehen als im Wüstensturm hinter einer Panzerkanone. Seine zivile Verliebtheit schadete seiner militärischen Wachsamkeit, und bei einem Lademanöver schleuderte ihn ein Schwenkkran beiseite.

Es fehlte nicht viel, und er wäre auf diese wenig ruhmvolle Weise für die Neue Weltordnung gefallen und in einem Ganzkörperkondom mit Reißverschluß, wie die GIs die Leichensäcke zu bewitzeln pflegten, in sein Vaterland expediert worden. Aber zum Glück brach er sich nur die Rippen und wurde in ein Militärkrankenhaus nach Deutschland geflogen.

Nach der Genesung beantragte er seinen Abschied, denn inzwischen war Prinzenland befreit und der Krieg zu Ende. Dennoch wurde ihm die Entlassung aus der Armee verweigert. Wieder schlug er im Kasernenhof die Hacken zusammen und brüllte aus vollem Hals, wenn auch nicht mit ganzer Seele, militärische Befehle. Während er gehorchte, dachte Candy nach und fragte sich: Bin ich etwa kein freier Mensch und darf mich nun, nach dem siegreichen Kampf für die Neue Weltordnung, meinem eigenen Fortkommen widmen, und zwar zuallererst dem Fortkommen aus dieser scheußlichen Kaserne?

Nach einem Freigang kehrte er nicht mehr zurück, wanderte hierhin und dorthin, jobbte ein wenig, bettelte viel. Schließlich kam er in die Stadt, die Dr. Francis bei seinen Vorträgen auf Redwood als Symbol des Kalten Sieges über den Kommunismus bezeichnet hatte, ein ganz und gar vollständiger Sieg, denn inzwischen hatte die Bolschewistenunion ihre Selbstauflösung erklärt, und Balkanien zerfiel.

Candy trieb sich gerne an den drei Universitäten der Stadt herum. Seine besondere Vorliebe galt den Friedenmeetings, auf denen unter lustig flatternden Transparenten gefordert wurde, die Neue Weltordnung gewaltlos herbeizuführen. Candy erzählte von den Kriegsabenteuern in der Wüste und von seiner Verletzung durch feindlichen Beschuß. Er wurde als fahnenflüchtiger Held sogar ein wenig prominent, was den antimilitaristischen Vorteil mit sich brachte, in verschiedenen Wohngemeinschaften kostenlos übernachten zu dürfen.

Eines Tages erregte er die Aufmerksamkeit eines weißhaarigen Professors, der ihn zur Befragung über seine mesopotamischen Leiden zu einem Privatissimum in sein Haus lud. Candy nahm die Einladung dankbar an und hoffte auf eine etwas gehaltvollere

Mahlzeit, als er sie in den Mensen einzunehmen pflegte, wenn er das Kleingeld dafür zusammengeschnorrt hatte. Er wurde enttäuscht. Es gab Käseknäcker und Rotwein. Da Candy in Erwartung eines Abendessens mit leerem Magen gekommen war, stieg ihm der Wein rasch zu Kopf, und solchermaßen enthusiasmiert, begann er vom Ende der Geschichte zu philosophieren, als käme er direkt aus Yale oder Harvard und verkünde die dort geläufigen theoretischen Neuigkeiten.

»Alter Schnee«, lächelte der Professor, der ein Vertreter des Dritten Wegs zwischen Markt- und Planwirtschaft war und auf Bürgerrechtsversammlungen feurige Reden für einen demokratischen Sozialismus mit menschlichem Antlitz hielt. Dafür wurde er von seinen Gegnern als neomarxistischer Wiedertäufer verspottet, und wie es oft zu geschehen pflegt, verwandelten seine Anhänger die Schmähung in eine Ehrung und nannten ihn ebenfalls Wiedertäufer.

Der Wiedertäufer hatte ein gewaltiges historisches Wissen, war ein großer Rhetoriker und gab gleich eine kleine Kostprobe: »Das Ende der Geschichte ist eine alte. Daran haben die frühen Christen schon geglaubt, bis sie es leid wurden, jeden Abend zugeben zu müssen, daß der Jüngste Tag schon wieder nicht angebrochen war, und zur Verkürzung der Wartezeit die Kirche gründeten. Das war vor zweitausend Jahren, wie Sie wissen.«

Candy überlegte, was wohl Dr. Francis dazu gesagt hätte.

»Im übrigen«, fuhr der Wiedertäufer fort, »sollten Sie Hegel nicht vergessen. Dies nur als winzige Anregung.«

Candy gab zu, daß er noch nie von Hegel gehört hatte, im übrigen nicht und auch nicht in den Vorträgen von Dr. Francis.

Die Erwähnung von Dr. Francis rief auf dem milden Gesicht des Wiedertäufers ein Schmunzeln hervor. Dann erhob er sich und ging peripatetisch, denn er war wirklich ein großer Rhetoriker, im Zimmer auf und ab, um »die winzige Anregung über Hegel« zu einer riesigen Vorlesung über dessen Geschichtsphilosophie auszuweiten. Es war lange nach Mitternacht, als Candy völlig ermattet auf die Gästecouch sank, die ihm der Wiedertäufer großmütig angeboten hatte, und die Decke über den brummenden Kopf zog. Er schlief einen erschöpften Schlaf, der weder vom Ende der Geschichte noch vom Beginn der Neuen Weltordnung gestört wurde.

Kap. 4

Wie Candy Dr. Francis wiedersah und was daraus entstand

Candy wurde zeitig geweckt und zum Frühstück gebeten. Der vom Erfolg seiner nächtlichen Hegelvorlesung sichtlich beschwingte Wiedertäufer kam auf den Wüstenkrieg zu sprechen. Dieser Krieg, setzte er Candy mit viel rhetorischer Verve auseinander, wurde nicht um des Völkerrechts willen geführt, auch nicht wegen der Menschenrechte. Die Menschenrechte würden von den Prinzen genauso mit Füßen getreten wie von dem Staatsschurken, der sie überfallen hatte.

»Der Krieg, junger Mann«, deklamierte der Wiedertäufer, »wurde um Öl geführt.«

Candy zeigte sich unbeeindruckt. Daß der Krieg um Öl geführt wurde oder um strategische Interessen, was nur ein anderer Ausdruck dafür war, wußte er bereits, denn in der Army hatte bis hinauf zum General niemand einen Hehl daraus gemacht. Überrascht von so viel Intelligenz bei einem einfachen GI köpfte der Wiedertäufer sein Ei und sagte, alle in Deutschland stationierten amerikanischen Soldaten hätten die Teilnahme an diesem Krieg verweigern sollen. Candy antwortete, dies habe er zwar nicht getan, aber immerhin sei er hinterher davongelaufen.

Der Wiedertäufer, der seinen Gast für einen ehrenhaft entlassenen Veteranen gehalten hatte, wurde ein wenig blaß und versicherte, daß seine Aufforderung zur Befehlsverweigerung eigentlich eher theoretisch gemeint gewesen sei, gewissermaßen ethisch-moralisch, sozusagen. Ob Candy denn als Deserteur gesucht werde? Candy zog die Schultern hoch und sagte: »Gesucht schon, aber nicht gefunden.«

Und um den plötzlich sehr besorgten Wiedertäufer zu beruhigen, fügte er hinzu: »Die Angelegenheit hat sich bestimmt längst erledigt, es ist ja schon eine Weile her.«

Nachdem Candy für die Übernachtung gedankt und dem Professor Lebewohl gesagt hatte, streunte er ein wenig durch die Stadt und ging schließlich wieder zur Universität, um sich nach einer WG für die nächste Nacht umzusehen. Vor einem Hörsaal gab es großes Gedränge, die Studenten strömten in Scharen herbei. Candy gelang es mit Hilfe seiner kampferprobten Ellenbogen, hineinzuschlüpfen. Auf dem Podium sah er den Wiedertäufer sitzen, vor sich ein Mikrophon und neben sich – Dr. Francis. Das Thema war »Die Neue Weltordnung und das Ende vom Ende der Geschichte«. Der Wiedertäufer hielt eine leidenschaftliche Ansprache, die häufig von lautem Beifallklatschen unterbrochen wurde. Dr. Francis hörte schweigend zu und begnügte sich damit, in matten Worten die Machbarkeit des Dritten Wegs zwischen Kommunismus und Kapitalismus in Frage zu stellen. Er wirkte traurig und vom Schicksal geschlagen.

Während der Schlußapplaus verebbte, stieg Dr. Francis vom Podium und bahnte sich den Weg zum Ausgang. Als er an Candy vorbeikam, hielt er inne, besann sich, erkannte ihn, schüttelte ihm halb überrascht, halb irritiert, im ganzen aber freundlich die Hand und bat ihn zu einem Vorabend-Drink in die Bar des Hotels, in dem er wohnte.

Candy rechnete nicht damit, Dr. Francis tatsächlich in der Bar anzutreffen. Um so größer war sein Erstaunen, daß er den Denker schon am Tresen stehen sah, als er zur bestellten Zeit durch die Tür trat.

»Mein lieber Candy«, begann Dr. Francis und blickte versonnen in sein Whiskeyglas, »Sie hatten Glück im Unglück. Kurz nach Ihrem Weggang wurden Mr. Redwoods Kanzlei in New York und sein Anwesen in Florida von der Polizei durchsucht. Man bezichtigte Mr. Redwood, Insidergeschäfte getätigt und Bilanzen gefälscht zu haben. Man ging ohne jede Rücksicht vor, als hätte es sich bei Mr. Redwood nicht um einen Mann von hohem gesellschaftlichem Ansehen gehandelt, sondern um irgendeinen korrupten Angestellten. So dürfen Leistungsträger nicht behandelt werden. Wie soll die Elite Verantwortung übernehmen, wenn der Staat sich in dieser respektlosen Weise einmischt? Es wurden Akten beschlagnahmt und Gelder eingefroren. Sogar die unschuldigen Konten von Miß Condola wurden geschändet. Ach, mein Lieber, seien Sie froh, daß Ihnen diese Schmach erspart geblieben ist. Mr. Redwood schoß sich in der Bibliothek eine Kugel durch den Kopf, Mrs. Redwood starb an Herzversagen. Der Besitz ist liquidiert, das Personal in alle Winde zerstreut.«

Nach dieser Rede war Candy so erschüttert, daß er sein Glas zu Boden fallen ließ. Es landete auf dem Teppich, hüpfte noch einmal und blieb dann zur Seite gekippt liegen. Der Whiskey sickerte zwischen die Flusen und hinterließ bräunliche Spuren wie von geronnenem Blut.

»Aber was ist mit Condola geschehen, ich meine: mit Miß Redwood«, fragte Candy, und hob das Glas auf.

»Miß Redwood und ihr Bruder sind verschwunden. Ich habe keine Ahnung, wie es den beiden ergangen ist. Aber offenbar konnten sie das Barvermögen retten und wohl auch den Familienschmuck.«

In Candys Erinnerung blitzten die Brillanten auf, die Condola an jenem fernen Abend getragen hatte.

»Wissen Sie«, fuhr Dr. Francis fort, »ich selbst bin dem allem nur mit knappster Not entronnen. Damals war ich auf dem Landsitz noch häufiger zu Gast als sonst, denn zwischen mir und Franziska – Sie erinnern sich: Mr. Redwoods Privatsekretärin – hatte sich eine feste Beziehung angebahnt, die wir auch nicht länger verheimlichten. Um mir den Start in die Ehe finanziell zu erleichtern, war Mr. Redwood so freundlich, mir bei einem unserer philosophischen Kamingespräche einen Wink über die Kursentwicklung gewisser Aktien zu geben. Ich ergriff die Gelegenheit beim Schopf, legte alle meine Ersparnisse mit denen Franziskas zusammen und nutzte die Freiheit des Marktes für ein Schnäppchen an der Börse. Wir Denker, das wissen Sie ja, mein lieber Candy, haben sonst selten die Möglichkeit zu solchen Spekulationen. In diesem Punkt könnte die Chancengleichheit, das muß ich bei all meiner Zuversicht einräumen, ein wenig weiter entwickelt sein. Nach dem Auffliegen der Insidergeschäfte von Mr. Redwood wurde auch mein Gewinn von den Behörden beschlagnahmt, ein besonders eklatantes Beispiel für den Eingriff des Staates in den Kapitalmarkt und die intellektuelle Freiheit.«

Dr. Francis unterbrach die traurige Erzählung und bestellte noch zwei Whiskey, einen doppelten für sich und einen einfachen für Candy, um die Bilanz nicht über Gebühr zu verfälschen, denn schließlich gingen die Drinks auf seine Rechnung. Dann teilte er Candy mit, daß er die Stelle als Assistent des Beraters des Spindoktors des Abteilungsleiters für Global Policy im State Department in Washington wegen seiner Verwicklung in den Redwoodschen Finanzskandal verloren habe, dafür aber selbst zum Berater aufgestiegen sei.

»Die Welt«, kicherte Dr. Francis betrunken, »bringt sich immer wieder selbst in Ordnung, man muß sie nur dem freien Spiel der Kräfte überlassen.«

Er sei nun Berater des Assistenten des Spindoktors des Abteilungsleiters für Privatisierung im Planungsbüro im Kreml. Candy wunderte sich so sehr, daß er mit einem zu großen kleinen Schluck sein Glas leerte und von nun an nichts weiter tun konnte, als mit dem Eis zu klimpern.

Dr. Francis ließ sich davon nicht in der Entwicklung seiner Gedankengänge behindern. Amerika müsse nach dem Ende des Kalten Krieges dem ehemaligen Feind beispringen und ihn möglichst schnell in die Neue Weltordnung integrieren. Dazu müßten auch Angehörige der intellektuellen Elite ihren Beitrag leisten. Um zu verhindern, daß die Geschichte schon kurz nach ihrem Ende wieder von vorn anfange, habe er sich in Moskau als Berater des Assistenten anheuern lassen, zumal er in Washington als Assistent des Beraters gefeuert worden war. Wie Candy sehe, greife die unsichtbare Hand des Marktes sogar über Grenzen, um für ein glückliches Zusammentreffen von Angebot und Nachfrage zu sorgen.

Candy war beeindruckt.

Allerdings entging ihm nicht, daß Dr. Francis ein wenig Angst vor den Bolschewisten hatte, obwohl sie gar keine richtigen mehr sein wollten und sich sehr zu beeilen schienen, die Theorie von Dr. Francis, nach dem Ende der Geschichte werde die Welt liberal, demokratisch und marktwirtschaftlich sein, in die Praxis umzusetzen.

Dennoch erlaubte sich Candy einen Scherz und bekräftigte die Gefährlichkeit der alten Genossen. Gleichzeitig ließ er Dr. Francis einen Blick auf den Waschbrettbauch werfen, den Kasernendrill und Wüstensturm an seiner Gestalt hervorgebracht hatten, und der durch den akademischen Müßiggang der letzten Zeit kaum in Mitleidenschaft gezogen worden war. Eine unsichtbare Hand rührte des Doktors Herz, und nach dem Abwägen von Angebot (die Mittellosigkeit Candys) und Nachfrage (die Angst des Doktors) wurde Candy für ein weniger als geringes Gehalt zum Bodyguard des Beraters des Assistenten des Spindoktors des Abteilungsleiters für Privatisierung im Planungsbüro im Kreml ernannt. Schon am nächsten Tag bestiegen sie eine Aeroflot-Maschine.

Im Flugzeug trafen Candy und Dr. Francis auf den Wiedertäufer, der ebenfalls einer Einladung nach Moskau folgte, um an der Universität einen Vortrag über den Dritten Weg zu halten. Dr. Francis begrüßte seinen Gegner und bemerkte säuerlich: »Konkurrenz belebt das Geschäft.«

Der Wiedertäufer lachte gutmütig. Die Passagiere nahmen ihre Plätze ein und steckten die Köpfe hinter die Zeitungen, während die Stewardessen unbeobachtet das Funktionieren der Atemmasken vorführten und auf die Notausgänge hinwiesen.

Die Maschine kam nie in Moskau an. In der Luft warf eine Gruppe langbärtiger russisch-orthodoxer Geistlicher die christlichen Gewänder ab und gab sich als Gruppe langbärtiger Heiliger Schüler des Koran zu erkennen. Sie stürmten das Cockpit und zwangen die Piloten zur Kursänderung. Die Maschine machte in einem unbekannten Gebirgstal eine Bruchlandung. Ein Felsbrocken riß das Fahrwerk ab, und der Rumpf schoß mit infernalischem Krach über den Boden. Die Passagiere schrieen und beteten, jeder in seiner Sprache, jeder zu seinem Gott, tolerant neben- und durcheinander, die Heiligen Schüler, die marktwirtschaftlichen Geschäftsleute, die planwirtschaftlichen Piloten und selbst die beiden über das Ende der Geschichte entzweiten Philosophen.

Auch Candy machte keine Ausnahme und beteiligte sich lautstark am Chor. Nach der gemeinsamen Anstrengung aller Gläubigen kam das Flugzeug knirschend zum Stehen, und die religiöse Toleranz erlosch. Die Heiligen Schüler tasteten nach ihren Handgranaten und stellten die Ordnung wieder her, die sich sowohl von der unterschied, die Dr. Francis, als auch von der, die der Wiedertäufer im Sinn hatte.

Beim Verlassen des Rumpfes verlor einer der Heiligen Schüler das Gleichgewicht und wäre neben der Notrutsche in die Tiefe gestürzt, hätte ihn der Wiedertäufer nicht gerade noch am Prophetenbart gepackt und in die Rutsche gezogen. Kaum waren die beiden unten angekommen, stürzte sich der Gerettete auf seinen Retter und stieß ihm einen Dolch in die Brust. So kostete die Hilfsbereitschaft den Wiedertäufer das Leben, das er dem Heiligen Schüler bewahrt hatte. Dr. Francis, empört über einen so ungleichen Tausch, wollte seinem theoretischen Gegner praktisch zu Hilfe kommen, aber Candy, der sich gerade noch rechtzeitig seines Amtes als Bodyguard erinnerte, wußte die Ausführung dieser edlen Wahnsinnstat zu verhindern.

Außer dem armen Wiedertäufer überlebten alle Passagiere die Havarie. Es wurden ihnen Schlingen um den Hals gelegt, und ein langes Seil verband einen mit dem anderen. Dann begann der Marsch durchs Gebirge.

Dr. Francis belehrte Candy darüber, daß es zwar den allgemeinen Menschen- und persönlichen Freiheitsrechten widerspreche, von Heiligen Schülern durch abgelegene Berggegenden geschleppt zu werden, statt in einem Moskauer Büro Kommunisten in Neoliberale umzuschulen, daß es sich dabei aber allenfalls um eine situative Ausnahme auf dem Weg in die Neue Weltordnung handeln könne. Gleichwohl, merkte Dr. Francis großmütig an, während er die Hände zum Hals hob, um sich unter der Schlinge zu kratzen, könne Candys vom Krieg ertüchtigter Körper auf diese situative Ausnahme marktgerechter reagieren als er mit seinem von Lektüre ertüchtigten Geist.

Nach einigen Tagesmärschen erblickten sie in einem Seitental eine staubige Straße, gesäumt von einfachen Lehmhäusern mit flachen Dächern, auf denen kreisrunde Gebilde befestigt waren, die sich bald als Satellitenschüsseln herausstellten, deren Vorhandensein in diesem Bergdorf sogar Dr. Francis, der von der globalen Ausbreitung der demokratischen Medien überzeugt war, zu überraschen schien.

Kaum hatten die Heiligen Schüler und ihre Geiseln das Dorf erreicht, als die Erde unter ihren Füßen erbebte und die Luft über ihren Köpfen dröhnte. Knatternd und zischend ging Artilleriefeuer über sie hin, und auf dem Bergkamm hoch über dem Dorf blitzten die Mündungen der Kanonen. Ohne Ansehen der Person und in höchstem Maße demokratisch durchsiebten die Geschosse Geiselnehmer und Geiseln, Heilige Schüler und Dorfbewohner, Bewaffnete und Unbewaffnete, Männer, Frauen und Kinder.

»Das ist der Weltuntergang!« schrie Candy, der während des Krieges in Prinzenland zwar das Schießen aus der Luft, aber nicht das Beschossenwerden am Boden gelernt hatte.

»Keineswegs«, widersprach Dr. Francis, den der Lärm der Welt nicht am Denken ihrer Neuordnung hindern konnte, »derlei ist schon sehr oft vorgekommen, ohne daß die Welt untergegangen ist, und es wird sich bis zur endgültigen Durchsetzung der Neuen Weltordnung auch weiterhin nicht vermeiden lassen.«

Nachdem der Angriff vorüber war, halfen sie den Einwohnern beim Bergen der Leichen. Die Heiligen Schüler zogen es unterdessen vor, sich aus dem Staub zu machen, vergaßen dabei jedoch nicht, den Dorfbewohnern, in deren Namen sie zu kämpfen vorgaben, drei magere Ziegen wegzunehmen, die den Angriff meckernd überlebt hatten.

Als die Toten gezählt waren, versammelte sich das Dorf um ein Fernsehgerät, das wunderbarerweise noch funktionierte, um mehr über das zu erfahren, was ihnen widerfahren war. Wie Dr. Francis vorhersagte, war dies ein ganz und gar vergebliches Ansinnen, denn was in einem engen Bergtal geschehe, habe nun einmal keine Bedeutung in der weiten Welt des globalen Dorfs.

Candy bemerkte, wie der Unmut der Leute wuchs, aber sein Versuch, als treuer Bodyguard weitere Ausführungen des Doktors zu unterbinden, blieb vergeblich. Candy mußte einsehen, daß sich Intellektuelle wie Dr. Francis zwar am Handeln, aber nicht am Reden hindern lassen.

Kap.

Wie eine Ehebrecherin gesteinigt,
Dr. Francis hingerichtet
und Candy ausgepeitscht wurde

Im Verlauf seiner Ausführungen steigerte sich Dr. Francis in immer größere Begeisterung und bemerkte nicht, wie parallel dazu der Unmut der Dorfbewohner wuchs. Schließlich erhob sich ein alter Mann und hielt eine Ansprache über die Göttliche Weltordnung, die der Herrschaft des ungläubigen Westens ein für allemal ein Ende setzen würde. Noch während der Prediger seine Fäuste schüttelte, schickte sich Dr. Francis zur Widerlegung an. Das Ende der Geschichte, teilte er den Versammelten mit, sei bereits eingetreten, und zwar mit dem Sieg des Westens, der nun eine Neue Weltordnung errichten und sowohl die Freiheit des Marktes, als auch die Glaubens- und Meinungsfreiheit über die ganze Erde verbreiten werde, und zwar bis ins allerletzte Tal, wie sie an den Satellitenschüsseln auf ihren Dächern ohne weiteres selbst erkennen könnten, auch wenn Schüssel und Dächer vom Angriff des freien Westens nun leider durchsiebt seien.

Nachdem Dr. Francis seinen Argumentationsstrang entwickelt hatte, ergriffen ihn die Bewohner und zwangen ihn, sich vor dem Hüter des Göttlichen Rechts in den Staub zu werfen. Der Hüter des Göttlichen Rechts war kein anderer als der alte Mann, der während seiner Rede zornentbrannt die Fäuste geschüttelt hatte. Dr. Francis machte geltend, es verstoße gegen rechtsstaatliche Grundsätze, wenn jemand zugleich Kläger und Richter sei. Gleichwohl verurteilte ihn der Hüter des Göttlichen Rechts unter beifälligem Gemurmel des Publikums zum Tode. Das Urteil wurde sofort vollstreckt und Dr. Francis aufgehängt.

Candy, der sich an dem wissenschaftlichen Disput zwischen dem Vertreter der Göttlichen und dem der Neuen Weltordnung nicht beteiligt hatte, wurde ohne Anklage dazu verurteilt, der Hinrichtung des armen Dr. Francis beizuwohnen. Er stand mitten auf dem Dorfplatz neben dem Mast, an dem in der Sommerhitze schlaff die Heilige Fahne hing, und kämpfte mit dem Kollaps. Als er Dr. Francis hängen sah, mußte er sich erbrechen und umklammerte dabei den Fahnenmast. Zur Strafe riß man ihm die Kleider vom Leib und peitschte ihn aus, bis sein Rücken so roh war wie die Steaks, die er einst bei den Gardenparties von Mrs. Redwood auf den Grill gelegt hatte.

Die Gläubigen, die dem zweifachen Walten des Göttlichen Rechts zugesehen hatten, waren in ihrem Eifer noch nicht erlahmt und erinnerten sich an eine Ehebrecherin, die zum Tode verurteilt, aber wegen des Artillerieangriffs noch nicht hingerichtet worden war. Obwohl das Kind der Ehebrecherin sein kaum geborenes Leben durch eine Granate verloren hatte, und obwohl der Kindsvater mit den Heiligen Schülern und den drei entwendeten Ziegen über alle Berge war, mußte der göttlichen Gerechtigkeit Genüge getan werden. Die Frau wurde auf den Dorfplatz gezerrt und bis zum Hals eingegraben. Während die Steine auf sie niederprasselten, wankte Candy halb von Sinnen in eines der zerschossenen Lehmhäuser und brach zusammen. Nachdem die Todesschreie der Gesteinigten verstummt waren, trat eine alte Frau an sein Lager und sagte: »Fasse Mut, mein Sohn.«

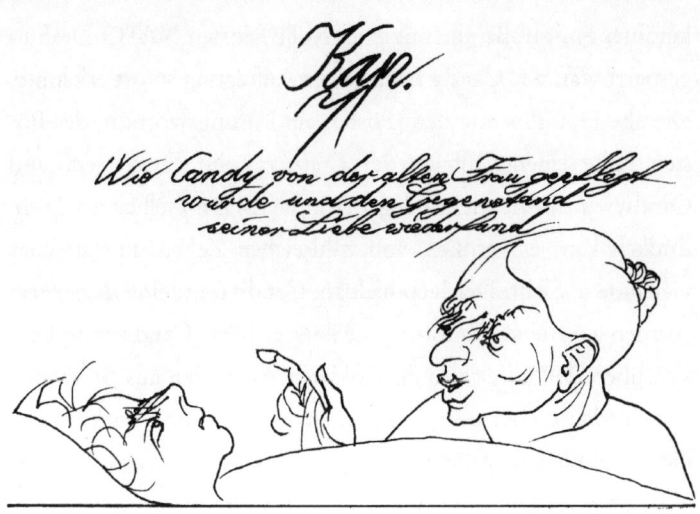

Kap.

Wie Candy von der alten Frau gepflegt
wurde und den Gegenstand
seiner Liebe wiederfand

Candy faßte keineswegs Mut. Die alte Frau stellte etwas zu essen, etwas zu trinken und einen Topf Salbe an sein Lager und befahl:

»Essen Sie, trinken Sie, reiben Sie Ihren Rücken ein und schlafen Sie.«

Candy war ganz benommen von dem, was er erlebt und erlitten hatte, aber mehr noch von der Barmherzigkeit seiner Pflegerin. Er wollte ihre Hand küssen, doch sie wehrte ab.

»Reiben Sie sich mit der Salbe ein, essen Sie, trinken Sie, schlafen Sie.«

Candy rieb sich mit der Salbe ein, aß, trank und schlief. So vergingen viele Tage.

»Wer sind Sie«, fragte Candy immer wieder, »wer hat Sie mit soviel Güte gesegnet? Wie kann ich Ihnen jemals danken?«

Aber er bekam auf seine Fragen keine Antwort.

Eines Abends erschien die alte Frau ohne Essen. In sternklarer Nacht führte sie ihn aus dem Dorf, stolperte mit ihm durch Hohlwege, über Bergkuppen und schließlich einen steilen Hang hinunter zur Straße, die mit einer Rolle feinsten NATO-Drahtes gesperrt war, wie Candy trotz seiner Aufregung sofort erkannte. Die alte Frau flüsterte dem Posten ein Losungswort zu, der Posten holte einen Offizier, der Offizier holte einen Jeep, und Candy wurde mit seiner Pflegerin durch die Dunkelheit gefahren. Endlich kam ein großes, von zahlreichen Zelten umstandenes Gebäude in Sicht. Der Jeep hielt an, Candy und seine Begleiterin wurden von einer Eskorte ins Haus geführt. Candy wunderte sich über die Uniformen der Soldaten. Sie waren aus Beständen verschiedenster Armeen zusammengestückelt und wirkten wie die Kostüme eines gefährlichen Karnevals. Candy wurde von der alten Frau getrennt und über eine Geheimtreppe in eine Art Salon geführt, der mit Teppichen ausgelegt und mit Bildern geschmückt war und fast wie ein ziviler Ort wirkte. Den häuslichen Eindruck störten nur die Maschinenpistolen aus alten amerikanischen und alten sowjetischen Beständen, die überall zu sehen waren. Friedlich lehnten sie nebeneinander an der Wand, wie es sich für gleichberechtigte Konkurrenten auf dem freien Waffenmarkt gehörte. Candy überlegte, ob das alles nur ein Fiebertraum sei, Ausgeburt seines verwirrten Kopfes und geschundenen Rückens. Aber da betrat seine Pflegerin das Gemach und mit ihr eine verhüllte Gestalt.

»Heben Sie den Schleier auf«, sagte die alte Frau zu Candy.

Er trat heran und hob den Schleier mit zaghafter Hand. Welch ein Augenblick! Welche Überraschung! Candy glaubte, Miß Condola vor sich zu sehen, und er sah sie wirklich – sie war es, die vor ihm stand! Seine Kräfte versagten, er konnte kein Wort hervorbringen. In ihren Öhrchen blitzten die Brillanten. Aber wo war sein weißer Cadillac, wo waren die Rosen? Candy sank ohnmächtig zu Boden, Condola setzte sich aufs Sofa.

Die alte Frau brachte ihn wieder zu sich, dann sprachen Candy und Condola miteinander – zunächst nur in abgerissenen Worten, aber bald folgte Frage auf Frage, und eine Antwort zog die andere nach sich.

»Sind Sie es wirklich?« rief Candy, »und Sie leben? Stimmt es denn, daß der Landsitz liquidiert wurde und daß Ihre Eltern umkamen, wie mir Dr. Francis versichert hat?«

Condola seufzte: »Ich bin es wirklich, und ich lebe. Es stimmt, daß der Landsitz liquidiert wurde und daß meine Eltern umkamen.«

»Und was ist aus Ihrem Bruder geworden?«

»Meinen Bruder habe ich aus den Augen verloren.«

»Aber wie sind Sie denn in dieses Land gekommen und woher wußten Sie, daß ich ebenfalls hier bin, und wie kommt es, daß Sie mich in dieses merkwürdige Haus bringen ließen?«

»Ich werde Ihnen alles erzählen«, erwiderte Condola, »aber zuerst müssen Sie mir berichten, was Sie seit unserem netten Gespräch auf der Gardenparty erlebt haben.«

Candy gehorchte in tiefer Ehrerbietung. Und obwohl er immer noch ganz durcheinander war und seine Stimme vor Aufregung zitterte, erzählte er treuherzig seine Geschichte. Condola hörte mitfühlend zu und bedauerte den Tod des Wiedertäufers und des armen Dr. Francis. Anschließend sprach sie von ihren eigenen Erlebnissen. Candy verschlang sie mit seinen Blicken und ließ sich keines ihrer Worte entgehen.

Kap. 8
Condolas Geschichte

»Ich lag in meinem Bett in tiefem Schlaf, als es der Staatsanwaltschaft gefiel, Steuerfahnder und Wirtschaftsermittler auf unser
schönes Redwoodsches Anwesen zu schicken. Das Vorgehen
war äußerst rücksichtslos. Akten wurden beschlagnahmt, Gelder
eingefroren. Auch meine Konten wurden gesperrt. Vater wurde
in den Selbstmord getrieben, Mutter starb an gebrochenem Herzen.

Ein Polizei-Inspektor ließ durchblicken, daß er mir helfen könne,
wenn ich mich nur ein wenig entgegenkommend zeigen würde.
Aber ich wehrte mich, nannte ihn einen kleinen W..., und gerade,
als er sich auf mich stürzen wollte, betrat der Oberstaatsanwalt
das Verhörzimmer. Ohne sich im geringsten von der Anwesenheit des Oberstaatsanwalts stören zu lassen, drang der Polizei-Inspektor weiter auf mich ein.

Dieser Mangel an Respekt vor einem Höhergestellten erboste
den Oberstaatsanwalt dermaßen, daß er den Inspektor vom
Dienst suspendierte und die Verhöre höchstpersönlich führte. Er

34

benahm sich vornehm und anteilnehmend und versprach mir, ein gewisses menschliches Entgegenkommen meinerseits mit einem gewissen rechtlichen Entgegenkommen seinerseits zu beantworten.«

Candy in seiner Unschuld erkundigte sich, worin dieses menschliche Entgegenkommen denn bestanden habe. Condola hielt erstaunt inne, sah ihm in die Augen und setzte ihre Erzählung fort: »Ich kam dem Oberstaatsanwalt, der neben seinem Interesse am Entgegenkommen auch intellektuelle Neigungen hatte, wenn auch nicht auf dem hohen theoretischen Niveau, das wir von Dr. Francis kannten – ich kam also dem Oberstaatsanwalt entgegen, und der Oberstaatsanwalt hielt sein Wort.

Das Verfahren gegen mich wurde zunächst von der Hauptsache Redwood abgetrennt und dann wegen Geringfügigkeit eingestellt. Ich konnte den Familienschmuck retten und eine nicht unerhebliche Menge Bargeld, das ich einem etwas abgelegenen Konto entnahm, dessen Sperrung der Oberstaatsanwalt verzögert hatte.

Leider flog die Hilfsbereitschaft des Oberstaatsanwaltes auf. Er wurde seines Amtes enthoben und selbst Gegenstand eines Ermittlungsverfahrens.

Ich hatte mich zu diesem Zeitpunkt bereits außer Landes begeben. In einem kleinen Fürstentum an der Küste des Mittelmeers, das auch von den Prinzen gern besucht wird, die du mit unserer tapferen Armee befreit hast, lernte ich verschiedene Diplomaten kennen, und über die Diplomaten erhielt ich Zugang zu einem der Prinzen, und beim Prinzen stieß ich auf einen Geschäftsmann mit internationalen Verbindungen, der in Recycling macht und damit ein Vermögen verdient. Er kauft Waffen aus alten amerikanischen und sowjetischen Beständen und führt sie in Bürgerkriegsgebieten einer neuen Verwendung zu. Alle nennen ihn Cash Flow. Er ist hochgebildet, wenn auch theoretisch nicht so bewandert wie unser armer Dr. Francis.

Ich bemerkte bald, wie vernarrt Cash Flow in mich war, und beschloß, das Feuer seiner Leidenschaft weiter anzufachen, indem ich ihr nicht, du weißt schon, entgegenkam.

Bald war ich Cash Flow ständig zur Seite. Wir reisten immer gemeinsam. Tagsüber ging er seinen Geschäften nach und abends mit mir in die Oper. Eines Tages begegneten wir in der Pause einem seiner Geschäftspartner, Bumbum, ebenfalls ein hochgebildeter Mann, theoretisch freilich wiederum nicht so bewandert wie unser armer Dr. Francis.

Bumbum warf sofort ein Auge auf mich. Cash Flow, ganz erhitzt vor Eifersucht, warnte mich vor ihm. Bumbum, sagte er, führe Krieg gegen die Neue Weltordnung und werde darin von einigen der Prinzen unterstützt, die du mit unserer tapferen Armee befreit hast. Von ihnen erhalte er die Mittel, um die Waffen für seinen Krieg gegen die Freunde der Freiheit zu kaufen. Bumbum sei ein gefährlicher Warlord, während er, Cash Flow, sich nicht für Politik interessiere und lediglich seinen Geschäften nachgehe.

Bald nach unserer Begegnung in der Oper fing Bumbum an, Cash Flow unter Druck zu setzen und ihn zu einem Besuch seines Hauptquartiers zu nötigen. Erst dachte ich, Bumbum wolle Cash Flow ermorden. Aber von wem würde er dann seine Waffen kaufen? Cash Flow gab schließlich nach, und so leben wir hier friedlich zu dritt. Streit gibt es nur, wenn die beiden über die Neue Weltordnung aneinander geraten. Was mich betrifft, ich teile meine Aufmerksamkeit zwischen den Herren, allerdings ohne Entgegenkommen, und das ist wohl der Grund dafür, daß ich immer noch von beiden geliebt werde.«

Candy seufzte, und Condola fuhr fort:

»Bumbum beschloß, einem seiner Dörfer eine Lektion zu erteilen. In dieses Dorf wurden von den Heiligen Schülern immer wieder Geiseln verschleppt, deren Entführung er gar nicht angeordnet hatte. Bumbum lud mich ein, den Beschuß des Dorfes zu begutachten. Wie ein Feldherr stand ich auf dem Hügel und schaute auf das Schlachten hinunter, und wie ein Feldherr sah ich – nichts. Qualm und Staub verbargen das Sterben meinem Blick. Nachdem alles vorüber war, bat ich Bumbum um sein Fernglas. Wie groß war mein Schrecken und meine Verwirrung, als ich es an die Augen setzte und Dr. Francis erblickte. Ich rieb mir die Augen, schaute wieder hin und sah ihn hängen. Ich wurde beinahe ohnmächtig. Als ich zum dritten Mal durch das Fernglas sah, erblickte ich dich, und völlig durcheinander fragte ich mich, wie es wohl zugegangen sein mochte, daß mein netter Candy und der gescheite Dr. Francis hierher verschlagen wurden, der eine, um bis aufs Blut gepeitscht, und der andere, um gehängt zu werden.

Ich war ganz außer mir. In meinem Hirn jagten sich die Bilder vom Polizeiüberfall auf unser Anwesen, vom Tod meines Vaters und meiner Mutter, von der mißlungenen Erpressung durch den Inspektor und der gelungenen durch den Oberstaatsanwalt, vom gierigen Cash Flow und dem grausamen Bumbum, vom hängenden Dr. Francis, von deinem blutigen Rücken, und von unserem letzten Gespräch auf der Gardenparty.

Dieses Gespräch wollte ich unbedingt wieder aufnehmen. Also gab ich meiner Betreuerin, die sich um mich kümmert, wenn Bumbum im Krieg und Cash Flow auf Geschäftsreise ist, den Auftrag, dich zu pflegen und so rasch wie möglich zu mir zu bringen. Jetzt bist du da«, rief Condola, und die Brillanten in ihren Öhrchen blitzten, »jetzt kann ich mich endlich wieder mit einem jungen Mann unterhalten, dessen Intellekt noch dazu von Dr. Francis geschärft wurde.«

In diesem Augenblick trat Cash Flow durch die Tür.

Kap.
9

Was aus Condola, Candy, Bumbum und
Cash Flow wurde

Cash Flow war der jähzornigste Waffenhändler, den die Welt seit dem Ende des Kalten Krieges gesehen hatte.

»Was«, schrie er, »du floridanische Schlampe, hast du noch nicht genug an Bumbum? Soll ich dich auch noch mit diesem Grünschnabel teilen?«

Den *Grünschnabel* hätte Candy zur Not noch hingehen lassen, aber die *Schlampe*, nein, das war zu arg. Mit einem Sprung war er bei den immer noch friedlich nebeneinander an der Wand lehnenden Gewehren. Entschlossen und doch mit Bedacht wählte er ein amerikanisches Fabrikat, zog Cash Flow eine Salve quer über den Leib und streckte ihn nieder, gerade zu Condolas Füßen.

»Oh shit«, schnauzte sie Candy an, »was hast du dir dabei gedacht? Wie sollen wir jemals hier rauskommen?«

Angelockt vom Kampfeslärm, dem wahre Krieger nie widerstehen können, stürmte Bumbum durch die Tür. Er sah Candy, dem die Waffe aus der Hand gefallen war, er sah Cash Flow sich am Boden krümmen. Beim Anblick des niedergestreckten Rivalen frohlockte er keineswegs. Vielmehr raufte er sich den Bart und hob klagend die Hände zum Himmel, als ob sein leibhaftiger Bruder, den er übrigens bei einem Putsch eigenhändig erschossen hatte, im Sterben liege.

»Allmächtiger Gott«, jammerte Bumbum, »bei wem soll ich nun die Waffen für den Heiligen Krieg kaufen?«

Candy konnte dieser Überlegung folgen, und sein von Dr. Francis geschulter Intellekt setzte blitzschnell die Reihe der Schlüsse fort: Cash Flow ist als Teilnehmer des freien Marktes ausgefallen, also kann Bumbum seine Nachfrage nicht mehr mit Cash Flows Angebot befriedigen, also braucht er nicht länger Rücksicht auf Condolas Zurückhaltung beim Entgegenkommen zu nehmen. Er könnte, er kann, nein – das werde ich niemals zulassen, zumal ich selbst mit Condola –

Hier brach der Gedankengang ab, und bevor Bumbum sich von seinem Schreck erholen konnte, sprang Candy erneut zur Wand, ergriff diesmal ein russisches Fabrikat, denn Dr. Francis hatte ihn gelehrt, auf dem freien Markt müßten die Angebote miteinander verglichen werden, und streckte auch Bumbum nieder, gleichfalls zu Condolas Füßen, direkt neben Cash Flow. Condola wimmerte »Wahnsinn, Wahnsinn«, das Blut der Verehrer floß ineinander, und einträchtig hauchten sie ihr Leben aus.

Jetzt hielt die alte Frau die Zeit für gekommen, das Wort zu ergreifen: »Wir haben einen Jeep in der Garage mit ausreichend Benzin, Condola hat ihre Brillanten, und außerdem noch den Schmuck, den ihr Cash Flow und Bumbum geschenkt haben. Wir sollten die Leibwächter bestechen und auf die andere Seite des Gebirges fliehen.«

Candy holte den Jeep, Condola versteckte ihre Brillanten, die alte Frau bestach die Leibwächter. Kaum waren sie davongefahren, drangen die Leibwächter in die Gemächer ein. Sie taten ein wenig bestürzt, dann plünderten sie ein bißchen. Anschließend kam es zu einem Scharmützel zwischen verschiedenen Unterführern. Nachdem sich einer von ihnen als neuer Oberführer durchgesetzt hatte, wurde Bumbum mit vielen in die Luft gefeuerten Schüssen begraben und Cash Flows Leichnam dem Roten Halbmond ausgehändigt, der ihn ans Rote Kreuz überstellte.

Candy, Condola und die alte Frau waren inzwischen in einer kleinen Stadt auf der anderen Seite des Gebirges angekommen und führten in einem schäbigen Hotel das folgende Gespräch.

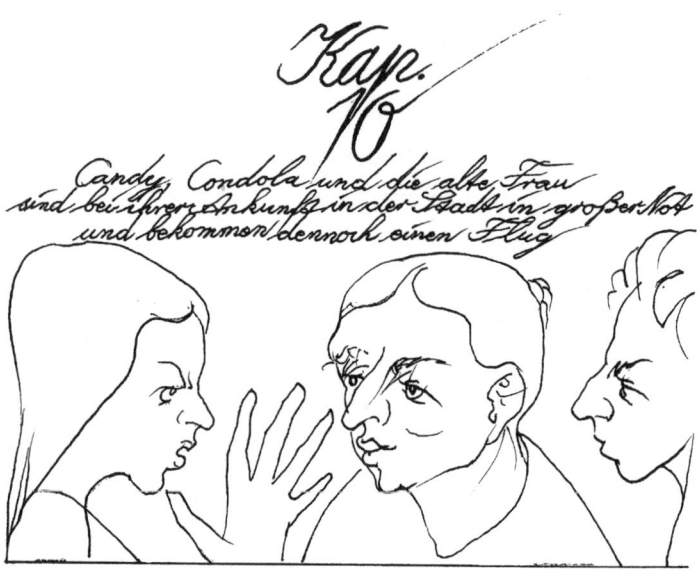

Kap. 10

Candy, Condola und die alte Frau sind bei ihrer Ankunft in der Stadt in großer Not und bekommen dennoch einen Flug

»Wer hat mir nur meinen Schmuck und meine Brillanten gestohlen?«, rief Condola unter Tränen. »Wovon sollen wir leben? Was sollen wir nur anfangen? Da war es ja bei Cash Flow und Bumbum noch besser.«

Die alte Frau sagte: »Hier treiben sich eine Menge zwielichtiger Leute herum. Wir werden nie erfahren, wer uns bestohlen hat; und sollten wir es doch erfahren, wird es uns nichts nützen.«

Candy sinnierte: »Man hätte uns wenigstens soviel lassen können, daß wir weiterkommen. Haben Sie denn wirklich gar nichts mehr, liebe Condola?«

»Nein, nicht das kleinste Ringchen«, war die Antwort.

»Was machen wir denn jetzt?« fragte Candy ratlos.

»Es bleibt uns vorerst nichts anderes übrig, als den Jeep zu verkaufen und weiterzusehen«, sagte die alte Frau.

Ein Russe, der sich ebenfalls im Hotel aufhielt, kaufte den Jeep für fünftausend Dollar. Dann bot er ihnen an, sie für zehntausend Dollar mit einem sicheren Fahrzeug und sicherer Begleitung sicher zur nächsten großen Stadt zu bringen, in der es vielleicht ein westliches Konsulat gebe, und sicherlich einen Flughafen, von dem manchmal Flugzeuge starteten.

Nachdem der Russe eingesehen hatte, daß er seinen Geschäftspartnern für den Begleitschutz nicht einen Dollar mehr abnehmen konnte als die fünftausend, die er ihnen für den Jeep bezahlt hatte, halbierte er den Preis, und die Vereinbarung wurde geschlossen. Er ließ sich die fünftausend Dollar geben, dann holte er den Jeep. Candy, Condola und die alte Frau erkannten, daß sie ihr Fahrzeug gegen eine Fahrt getauscht hatten.

Wäre Dr. Francis bei ihnen gewesen, hätte er gewiß erläutern können, inwiefern dieses Geschäftsergebnis bloß eine situative Ausnahme darstelle und gerade als solche das *Ceteris-Paribus* der Markttransparenz glänzend bestätige. Da aber Dr. Francis nichts mehr zur Erhellung ihrer Situation beitragen konnte, beschlossen sie, die Zähne zusammenzubeißen und zu schweigen, in der Hoffnung, wenigstens lebend in die nächste Stadt zu kommen, in der es vielleicht ein westliches Konsulat gab und sicherlich einen Flughafen, von dem manchmal Flugzeuge starteten.

Der Russe, der vor Freude über das großartige Geschäft während der ganzen Reise eine gewisse Kalinka besang, rechtfertigte das verzweifelte Vertrauen seiner Passagiere, brachte sie ans Ziel und setzte sie vor der russischen Botschaft ab, denn ein westliches Konsulat war in der ganzen Stadt nicht zu finden.

Candy, der durch seine Gespräche mit Dr. Francis bestens über russische Gepflogenheiten Bescheid wußte, oder wenigstens zu wissen glaubte, was im Augenblick so ziemlich auf das gleiche hinauslief, übernahm die diplomatischen Verhandlungen. Sie wurden in Zeichensprache geführt. Der Botschafter oder Konsul oder wer immer Candys Gegenüber sein mochte, ließ sich einige der Kampftechniken vorführen, die Candy vom Krieg zur Befreiung der Prinzen in Erinnerung hatte. Dann signalisierte er, daß es demnächst eine Maschine nach Moskau gebe und ließ Candy einen Vertrag unterschreiben, zwischen dessen kyrillischen Buchstaben hin und wieder das lateinisch geschriebene Wort *Bodyguard* auftauchte.

Während des Flugs dachten Candy, Condola und die alte Frau ein wenig an Dr. Francis und die Neue Weltordnung.

»Wir sind auf dem Weg in ein anderes Land«, sagte Candy. »Bestimmt wird dort alles gut werden, denn offen gestanden, man hätte schon Grund, sich über den gegenwärtigen Zustand gewisser Gegenden nach dem Ende der Geschichte zu beklagen.«

»Das kann man wohl sagen«, bestätigte Condola.

»Wir müssen auf die Zukunft vertrauen«, munterte Candy sie auf, »und bei der Errichtung der Neuen Weltordnung mitwirken, so gut wir können. Was würde Dr. Francis wohl sagen, wenn er wüßte, daß ich nach einem Umweg, bei dem er sein Leben verlor und ich meine Liebe wiederfand, doch noch in Moskau lande, um dort zu vollenden, was zu beginnen ihm versagt war?«

»Das mag ja alles sein«, stöhnte Condola, »aber die Vergangenheit war so unglücklich, daß ich auch für die Zukunft schwarzsehe.«

Da mischte sich die alte Frau ein und sagte: »Sie klagen und jammern, aber glauben Sie mir, Sie haben lange nicht das erlebt, was ich erleben mußte.«

Condola fand es ziemlich seltsam, daß die alte Frau behauptete, mehr durchgemacht zu haben als sie selbst. »Forget it«, rief sie. »Wenn Sie zwei Polizeiinspektoren überhaupt nicht, zwei Oberstaatsanwälten dafür sehr entgegenkommen mußten, wenn Ihre Konten zweimal gesperrt und Ihre Besitztümer zweimal zwangsversteigert wurden, wenn Ihr Unglück zweimal Vater und Mutter das Leben gekostet hat, wenn Sie zwei Cash Flows und zwei Bumbums gegeneinander ausspielen mußten, und wenn Sie den zerfleischten Rücken von zwei netten jungen Männern durch zwei Fernrohre gesehen hätten – dann, nur dann würde ich zugeben, daß Sie unglücklicher sind als ich. Außerdem kommt noch dazu, daß ich, eine Redwood, einmal zur Kassiererin im Supermarkt und einmal zur Hamburger-Verkäuferin in einem Schnellrestaurant erniedrigt worden bin.«

»Meine liebe Condola«, erwiderte die alte Frau, »Sie kennen meine Herkunft nicht, sonst wären Sie vorsichtiger mit Ihrem Urteil.«

Diese Bemerkung erweckte die Neugier von Condola und Candy, und die alte Frau erzählte ihnen das Folgende.

»Ich hatte nicht immer trübe Augen und stumpfes Haar, und ich habe nicht mein ganzes Leben als Hausdienerin bei einem Warlord verbracht. Ich bin die Tochter eines hohen französischen Kolonialbeamten und einer algerischen Prinzessin. Ich wuchs in einem Palast auf, gegen den amerikanische Landhäuser nichts weiter sind als Bauernkaten. Ein einziges meiner Kleider kostete mehr als alle Herrlichkeiten Floridas. In Schönheit und Anmut wuchs ich auf. Ich war begabt, wurde geachtet und geehrt, und mein Leben war reich an Freuden und Hoffnungen. Ich war eine blendende Erscheinung, die Männer verliebten sich scharenweise in mich, und die Dichter, die meine Mutter mit Stipendien beehrte, schrieben Reime, in denen das Funkeln der Sterne vor dem Feuer meiner Augen erlosch.

Ich wurde mit dem jungen Erben eines reichen Reeders verlobt. Was für ein Mann! Schön wie ich selbst, liebenswürdig, geistsprühend und bis über beide Ohren, die nur wenig abstanden, in mich verliebt. Auch ich liebte ihn, wie man nur zum erstenmal liebt: abgöttisch und voller Hingabe. Unsere Hochzeit wurde mit großem Prunk vorbereitet. Festumzüge, Tennisturniere und Gala-Essen jagten einander, im Radio erscholl Hymne auf Hymne, und das französische Fernsehen, das damals noch sehr schwarz-weiß war, fragte die Übertragungsrechte der Hochzeit an.

Ich war auf dem Gipfel meines Glücks, die Hochzeit stand unmittelbar bevor, als eine verarmte Bankierstochter, die ehemalige Verlobte meines Bräutigams, ihn zu einem Täßchen Schokolade einlud und beiläufig erwähnte, sie sei durch eine überraschende Erbschaft in den Besitz riesiger Kakao-Plantagen gekommen. Zu seinem und meinem Unglück glaubte ihr mein schöner Held und löste die Verlobung zwischen uns. Als er die Wahrheit erkannte, war er so unnachgiebig verheiratet, daß eine Scheidung ihn ein Vermögen gekostet hätte, das er zudem erst noch erben mußte.

Meine Mutter schlug vor, sich mit mir auf eines ihrer Güter zurückzuziehen. Unsere Fahrzeugkolonne wurde von algerischen Räubern überfallen, und die Schwarzfüße, die uns hätten verteidigen sollen, warfen zuvorkommend die Waffen weg, was ihnen wenig Ruhm einbrachte, aber zugegebenermaßen das Leben erhielt.

Wir wurden verschleppt, wanderten von einem Clanchef zum anderen, und mußten alles erdulden, was Frauen seit jeher erdulden müssen, wenn sie in die Hände von regulären oder irregulären Soldaten, von Aufständischen und Unterdrückern, von Marodeuren und Ordnungskräften fallen.

Ganz Afrika war ein Meer von Blut. Die Häuptlinge befehdeten einander, die Politiker gründeten bewaffnete Parteien, die in bewaffnete Unterparteien zerfielen, Freiheitskämpfer gründeten Staaten und wurden Alleinherrscher, andere eröffneten Parlamente und wurden ermordet, wieder andere paktierten mit fremden Herren gegen das eigene Volk. Terror folgte auf Bürgerkrieg und Bürgerkrieg auf Terror, und wenn das Morden auf eigene Faust eine Atempause brauchte, erklärten Staaten, die nur aus Armeen bestanden, einander offiziell den Krieg.

All dies unaufhörliche Gemetzel durchlebte ich und starb doch nicht daran.

Eines Tages rettete mir ein impotenter Mann das Leben. Er zog mich halbtot und nackt aus einem Berg von Leichen hervor, unter dem auch meine Mutter begraben lag. Er trug mich in sein Haus, wusch mich in seiner Wanne, legte mich in sein Bett, gab mir zu essen und zu trinken, machte mir auf französisch die feinste Liebeserklärung, die je ein schönes Mädchen – gehört hat.

Noch nie, meinte er dann, habe er so schmerzlich jene Kraft vermißt, deren Fehlen ihn als Mann zum unglücklichsten aller Menschen mache. Ich antwortete ihm, es gebe weit schlimmeres Unglück, das ebenfalls mit jener Kraft zusammenhänge, deren Vorhandensein mich als Frau oft zum unglücklichsten aller Menschen gemacht habe. In wenigen Worten schilderte ich all das

Furchtbare, das mir und meiner ermordeten Mutter zugestoßen war.

Voller Anteilnahme tupfte er mir mit einem Taschentuch die Tränen aus den Augen, die einst von den Dichtern so hingebungsvoll besungen worden waren. Dann erzählte er mir: *Ich bin in Paris geboren, und in dieser Stadt der Liebe, aus deren Mitte ein Turm aus Eisen ragt, ist mein Gebrechen unverzeihlich. Ich war ein charmanter Plauderer und wußte die Damen zu unterhalten, ich war ein feuriger Tänzer und verfügte über die finanziellen Mittel, die einen Mann unwiderstehlich machen. Doch immer dann, wenn jenes flüchtige Ereignis bevorstand, in dem der Charme, die Tanzkunst und die finanziellen Mittel ihre Erfüllung zu finden pflegen, wurde ich ohnmächtig. Keine Frau konnte mir helfen, kein Urologe, kein Psychoanalytiker. Auf dem Höhepunkt der Verzweiflung machte ich dem Kreuzweg durch die Schlafzimmer ein Ende und zog mich aus dem Privatleben zurück. Ich bot der französischen Regierung meine Dienste an. Seitdem reise ich in geheimer Mission von Potentat zu Potentat und vertrete patriotische Interessen. Doch nun zieht es mich in mein liebes, grausames, eisentürmiges Paris zurück, und so Sie möchten, werde ich Sie nach Frankreich mitnehmen.*

Ich dankte meinem Retter unter Tränen der Rührung. Aber statt mich nach Paris zu bringen, ließ er mich in Algier sitzen.

Wieder wurde ich Männern ausgeliefert, die mich beschützten, indem sie mich peinigten. Ich wanderte von Schlafgemach zu Schlafgemach, von Serail zu Serail, von Bordell zu Bordell. Ich war in Algier und Oran, in Tunis und Rabat, ich war in Belgisch- und Französisch-Kongo, ich war auf den Komoren, ich war in Gabun, in Togo und im Tschad, ich war bei Reichen und Armen, bei Guten und Bösen, Gesunden und Kranken, ich war bei den Verdammten dieser Erde und lebte und starb nicht.«

Condola und Candy kauerten neben anderen Passagieren im Bauch des russischen Transportflugzeugs am Boden, lauschten der Geschichte der alten Frau und überhörten, daß einer der Motoren nicht mehr brummte.

»Meine afrikanischen Wanderjahre endeten schließlich in Ägypten. Meiner Jugend und Schönheit beraubt, war ich für Männer nicht länger begehrens- und beschützenswert und wurde mir selbst überlassen. Dies erwies sich als weitaus weniger gefährlich als der Schutz der Männer, dem ich so lange preisgegeben war. Ich fand Zuflucht in den Personalzimmern großer Touristenhotels und schlug mich als Hilfsköchin, Wäscherin und Putzfrau durch.«

Condola bemerkte entsetzt, dies sei bestimmt besonders demütigend gewesen, was sie als eine Redwood, die zur Kassiererin in einem Supermarkt und zur Hamburger-Verkäuferin in einem Schnellrestaurant erniedrigt worden war, recht gut nachempfinden könne.

»In Not und Schande bin ich alt geworden«, erwiderte die alte Frau, »aber ich habe nie vergessen, daß ich die Tochter eines hohen französischen Kolonialbeamten und einer algerischen Prinzessin bin. Hundertmal wollte ich mich umbringen, aber ich hing zu sehr am Leben.

Diese lächerliche Schwäche ist wohl eine unserer unheilvollsten Neigungen. Kann es etwas Ungeschickteres geben, als dauernd eine Last mit sich herumzuschleppen, die man immerzu abschütteln möchte, und an einem Leben zu hängen, vor dem man Abscheu empfindet? In allen Ländern und Zeiten, durch die mich das Schicksal trieb, habe ich unzählige Menschen gesehen, die ihr Leben verfluchten, aber ich bin nur sehr wenigen begegnet, die ihrem Elend freiwillig ein Ende machten.

Wie dem auch sei, ich will meine Geschichte zu Ende bringen: Eines Tages warb mich der Security-Chef Bumbums zum Saubermachen der Suite an, die er für seinen Chef gemietet und in einen Hochsicherheitstrakt verwandelt hatte. Es gab immer jemanden, der Bumbum nach dem Leben trachtete, auch unter seinen Freunden hatte er zahlreiche Feinde. Für ihn war die Einstellung von Dienstpersonal eine höchst riskante Angelegenheit. Der Chauffeur konnte sich als Killer entpuppen, der Koch das Essen vergiften, die Reinemachefrau Gespräche belauschen, Schränke durchwühlen oder gar den Dolch unter der Schürze hervorziehen.

Ich wurde entführt, verhört und vor die Wahl gestellt, Staub zu wischen oder zu sterben. Und da mir trotz meiner Leiden das Leben liebgeblieben war, wählte ich Bumbums Staub. Seitdem gehörte ich zu seiner Reisegesellschaft und wurde schließlich zur Hausmeisterin des Hauptquartiers bestellt.

Als Cash Flow mit Ihnen, liebste Condola, zu uns kam, ordnete Bumbum mich ab, um ein Auge auf Sie zu haben. Ich nahm Anteil an Ihrem Schicksal, und es kam so weit, daß mich Ihre Erlebnisse mehr beschäftigten als meine eigenen. Ich hätte auch niemals von meinem Unglück gesprochen, wenn Sie mich durch Ihre Behauptung nicht etwas gekränkt hätten, und wenn es nicht üblich wäre, auf Reisen Geschichten zu erzählen, zumal im dunklen Bauch dieses Transportflugzeuges, das mir vorkommt wie ein fliegender Wal.

Ich habe viel Erfahrung, liebe Condola, und kenne die Welt. Machen Sie sich den Spaß und lassen Sie sich von jedem dieser Jonasse neben uns seine Lebensgeschichte erzählen, und wenn auch nur ein einziger darunter ist, der nicht mehr als einmal sein Leben verflucht und sich nicht so und so oft für den allerunglück-

lichsten Menschen gehalten hat, dann werfen Sie mich über
Bord!«

Nachdem Condola die Geschichte der alten Frau angehört hatte, brachte sie ihr erheblich mehr Achtung entgegen als zuvor, denn eine Dienerin, die von einer Prinzessin abstammt, ist etwas ganz anderes als eine Dienerin, die von einer Dienerin abstammt. Condola folgte auch der Anregung der alten Frau und ließ nacheinander alle Anwesenden ihre Erlebnisse erzählen. Auch hier behielt die alte Frau recht mit dem, was sie über die Menschen gesagt hatte.

»Es ist wirklich ein Jammer«, sagte Candy, »daß man Dr. Francis so kurzerhand aufgehängt hat. Er würde uns wahrscheinlich die verwickeltsten Erklärungen für all dieses Leid geben, und ich hätte endlich Gelegenheit, ihm bei allem Respekt vor seiner theoretischen Überlegenheit ein paar praktische Einwände entgegenzuhalten.«

Während nun alle ihre Geschichten erzählten, kam die Transportmaschine ihrem Ziel näher, manchmal mit gleichmäßig brummenden Motoren, manchmal nicht. Immerhin gelang es, in

Moskau zu landen, bevor die Flammen aus dem rechten Trieb-
werk schlugen.

Condola, Candy und die alte Frau wurden sofort zu Fjodor Raffimowitsch Korrupinsky geführt. Dieser ehrliche Mann war in
der Sowjetunion ein treuer Kommunist gewesen und hatte eine
erstaunliche Karriere im Staatsapparat gemacht. Nach dem Ein-
holen der sowjetischen und dem Aufziehen der russischen Flagge
hatte er sich dem Willen der Geschichte gebeugt und beschlossen, zusammen mit anderen treuen Kommunisten, die ebenfalls
erstaunliche Karrieren im Staatsapparat hinter sich hatten, die
Plan- in eine Marktwirtschaft umzuwandeln. Dieser Transforma-
tionsprozeß verlangte höchstes Fingerspitzengefühl, denn die
Geschichte mochte an ihr Ende gekommen sein, die Geschäfte
gingen weiter. Fjodor Raffimowitsch Korrupinsky achtete sehr
sorgfältig darauf, wem er Geld gab und von wem er Geld nahm.
Journalisten zum Beispiel, die ihn als bestechlich bezeichneten,
gab er kein Geld. Er schickte nur ein paar seiner Leute vorbei.
Den Stadtpolitikern schickte er abwechselnd Geld und seine
Leute. Den Chefs der alten Planungsbehörden, denen es gelungen
war, die Verantwortung für die Transformation in eine Marktwirtschaft auf sich zu nehmen, schickte er weder Geld noch
Leute. Beides war nicht nötig. Man traf sich zu Konferenzen,
trank ein wenig Wodka, doch lange nicht so viel wie der Staats-
präsident, und stets wurde alles aufs angenehmste besprochen.

Fjodor Raffimowitsch Korrupinsky war ein temperamentvoller
Mann und duldete niemals Widerspruch, oder nur, wenn er sich
dazu gezwungen sah. Condola gefiel ihm, und da er sich nicht
gezwungen zu sehen brauchte, Widerspruch zu dulden, erklärte
er, seinerseits Condola gefallen zu wollen. Als Candy in seiner Unschuld zu protestieren wagte, wurde er angewiesen, den

Sicherheitschef beim täglichen Wanzencheck der amerikanischen Limousine zu beaufsichtigen, denn wie schon Lenin, Stalin, Chruschtschow, Breschnew, Antropow, Tschernenko, Gorbatschow und Jelzin gesagt hatten: Vertrauen ist gut, Kontrolle ist besser.

Nachdem Korrupinsky seinen Rivalen fortgeschickt hatte, verlangte er von Condola klipp und klar, er möge ihr gefallen und sie ihm gefällig sein. Sowohl Cash Flow als auch Bumbum hatten ihren Wunsch in Form einer Liebeserklärung vorgebracht, Fjodor Raffimowitsch Korrupinsky äußerte ihn als Befehl. Condola bat um kurze Bedenkzeit, um sich mit der alten Frau zu beraten.

»Mein liebes Mädchen«, sagte die alte Frau, »Sie sind zwar eine Redwood aus Amerika, aber auch pleite. Jetzt können Sie die Freundin eines mächtigen Mannes in Rußland werden, und wo wir keine Wahl haben, brauchen wir keinen Stolz. Sie haben dem Polizeiinspektor widerstanden und sind dem Oberstaatsanwalt entgegengekommen, Cash Flow und Bumbum haben Sie entgegenkommend widerstanden. Das Unglück verleiht besondere Rechte: Wenn ich an Ihrer Stelle wäre, würde ich keine Bedenken tragen, dem Korrupinsky freundlichzutun und gleichzeitig Candys Freundschaft zu erhalten.«

Während Condola sich mit der alten Frau beriet, überprüfte das Büro des Sicherheitschefs, der gerade von Candy beim Wanzencheck beaufsichtigt wurde, Candys Vergangenheit, denn Vertrauen ist gut, Kontrolle ist besser. Die Überprüfung brachte zutage, Candy stehe in Verdacht, den angesehenen Geschäftsmann Cash Flow in das Hauptquartier des Kriegsherrn Bumbum gelockt und dort ermordet zu haben.

Korrupinsky wurde sehr nachdenklich, als ihm das Fax auf den Tisch gelegt wurde. Moskauer Journalisten einzuschüchtern oder widerspenstigen Stadtpolitikern ein paar Rubel zuzuschieben, war eine Sache, die Beschäftigung eines Bodyguard, der womöglich einen westlichen Waffenhändler auf dem Gewissen hatte, eine ganz andere. Derlei konnte Aufbau und Pflege internationaler Geschäftsbeziehungen erheblich beeinträchtigen. Außerdem kursierten im Westen schon genug Vorurteile über die russische Mafia, obwohl Korrupinsky sich bei jeder Bankettrede mühte, die Befürchtung zu zerstreuen, jeden Moment könnten Männer mit Maschinenpistolen aus der Torte springen.

Es hätte ihm gefallen, seine Freunde im Staatsapparat, die er schon mit der amerikanischen Limousine beeindruckte, nun auch noch mit einer amerikanischen Geliebten und einem amerikanischen Bodyguard zu verblüffen. Aber unter den gegenwärtigen Umständen, überlegte Korrupinsky, war es klüger, auf dieses Vergnügen zu verzichten und Candy in möglichst natürlicher Weise aus seiner Umgebung zu entfernen, was außerdem den Nebeneffekt mit sich brachte, die condolarischen Beziehungen zu vereinfachen.

Er bestellte die alte Frau zu sich und teilte ihr mit, er wisse über Candys Vergangenheit Bescheid, sei darüber ungehalten und werde den Tatverdächtigen der Moskauer Polizeibehörde überstellen. Er könne als seriöser russischer Geschäftsmann kein Sicherheitspersonal beschäftigen, das seriöse westliche Geschäftsleute totschieße. Das würde im Ausland den Eindruck hervorrufen, man arbeite in Moskau mit Mafiamethoden, was negative Auswirkungen auf die westliche Investitionsbereitschaft nicht in jedem Fall nach sich ziehe, in diesem aber schon.

Die alte Frau lief zu Condola: »Korrupinsky wird Sie nicht gehen lassen, also müssen Sie bleiben!« Die alte Frau lief zu Candy: »Fliehen Sie, Korrupinsky will Sie der Polizei ausliefern!«

Es war keine Zeit zu verlieren – aber wie konnte Candy sich von Condola trennen, und wohin sollte er fliehen?

Candy war in der Stadt, die er mit seinem, dem Russen übereigneten Jeep erreicht hatte, einem Mann besonderer Art über den Weg gelaufen: einem gestrandeten Nomaden britischer Herkunft, der sich trotz seines rötlichen Haars und der weißen Haut Kakao rufen ließ, seit er auf afrikanischen Plantagen Schokoladenpflücker gewesen war, wie er zu scherzen pflegte. Nie hatte Candy jemanden kennengelernt, der mehr von der Welt gesehen hatte, die alte Frau nicht ausgenommen.

Kakao war einst aufgebrochen, sich selbst zu suchen, und hatte sich dabei aus den Augen verloren. Er war überall hingekommen und eigentlich nirgends gewesen, hatte als Reiseführer und Kriegsreporter, Legionär und Dorflehrer, Eseltreiber und Mechaniker gelebt, hatte in den Hafenbordellen des Mittelmeers betrunkene Matrosen bestohlen, nach einer Erleuchtung Indien und Pakistan durchquert und nach dem Abklingen der Erleuchtung Opium vom Hindukusch nach London geschmuggelt, bis er schließlich in der Stadt steckengeblieben war, in der es einen Flugplatz gab, von dem manchmal Flugzeuge starteten, und aus der Candy ihm herausgeholfen hatte.

Kakao war Candy für die Vermittlung des Flugs nach Moskau dankbar und hatte sich vorgenommen, den neuen Freund unter die Fittiche zu nehmen. Sein Fatalistenverstand war gerührt von Candys amerikanischem Optimismus, der zusätzlich durch die Theorien des Dr. Francis veredelt war und noch am Ende der unglücklichsten Geschichte ein Happy End erwartete.

Nachdem die alte Frau vor Korrupinskys Absichten gewarnt hatte, drängte Kakao zur Flucht. Candy stiegen die Tränen in die Augen: Er hatte Condola wiedergefunden, sie von Cash Flow und Bumbum befreit und nach Moskau gerettet – nun sollte er sie unbeschützt bei Korrupinsky zurücklassen.

»Was soll nur aus ihr werden?« fragte Candy.

»Aus ihr wird das werden, was eben aus ihr werden kann«, antwortete Kakao, »die Frauen sehen schon zu, wo sie bleiben. Machen wir endlich, daß wir fortkommen!«

»Wo sollen wir denn hin? Was soll ich ohne Condola anfangen?«

»Bei meiner Seele, wo immer die sich gerade aufhalten mag, reiß dich zusammen! Erst solltest du für Korrupinsky gegen seine Freunde arbeiten, nun, jetzt arbeiten wir eben für seine Freunde gegen Korrupinsky. Ich habe gewisse Beziehungen, nicht sehr hochrangig, aber immerhin Beziehungen. Ich bin sicher, die Herrschaften werden von dir entzückt sein und neue Maßstäbe in ihrer Beschäftigungspolitik setzen: Kein Russe, kein Ukrainer, kein Pole, kein Albaner, kein Balkanier und auch kein Balkanesier, nein, ein echter amerikanischer GI mit beruflicher Auslandserfahrung – du wirst fabelhaft Karriere machen. Kommt man in der einen Welt nicht auf seine Kosten, dann eben in einer anderen. Außerdem ist es ein Vergnügen, Neues zu sehen.«

»Du hattest also schon mit der Mafia zu tun?« fragte Candy.

»Und ob!« rief Kakao. »In dem Geschäftszweig, in dem ich zuletzt gescheitert bin, läuft nichts ohne sie. Aber der Export von Mohn und Mädchen, der Handel mit Waffen und Diamanten, der Schmuggel von Zigaretten, das Eintreiben von Schutzgeld sind nur die schmutzige Seite des Business. Es gibt auch die saubere, die elegante Seite, mit Krawatten, Köfferchen und Konten, das Investieren illegaler Gelder in legale Unternehmen zum Beispiel, das Networking bei der Vergabe großer Aufträge, oder die Pflege der Beziehungen zu den Vertretern internationaler Institutionen. Der Einfluß der Organisation ist riesig und immer unsichtbar, jedenfalls solange er nicht von Skandalen beleuchtet wird. Aber nun los, wir wollen sehen, wie wir ins Spiel kommen.«

Kakao führte Candy zu einer Speditionsfirma, die einem Neffen der Frau des Bruders eines stellvertretenden Ministers gehörte, der für die Privatisierung staatlicher Transportunternehmen zuständig war und sich die Last dieser schweren Aufgabe erleichterte, indem er sie auf die Schultern verläßlicher Familienangehöriger verteilte. Kakao gelang es lediglich, zum Stellvertreter des Neffen der Frau des Bruders des stellvertretenden Ministers vorgelassen zu werden. Das Resultat der Audienz bestand in Handgeld, zwei neuen Pässen und dem Auftrag, einen verplombten LKW durch Balkanien und Balkanesien zu einer Schwesterfirma zu fahren. Nicht gerade das Einstiegsniveau, das Kakao für seinen amerikanischen Schützling erwartet hatte, aber doch besser als nichts.

Als sie mit dem LKW am Hoftor der balkanisch-balkanesischen Firma angekommen waren, sagte Kakao dem Pförtner, Candy sei ein amerikanischer Geschäftsmann, den er, Kakao, nach einer Autopanne an Bord genommen habe. Candy reise im Auftrag von »Investing Peace in Balkany« und wünsche den Chef zu sprechen. Der Pförtner telefonierte, und Kakao fuhr den LKW auf den Hof. Dann wurden Candy und Kakao von herbeigeeilten Wächtern aus dem Führerhaus gezerrt, nach Waffen durchsucht, ihrer Pässe beraubt und in ein kleines Büro gesperrt.

Es dauerte eine Weile, bis zwei Wächter hereinkamen und sich erkundigten, wer von ihnen der Amerikaner sei. Kakao deutete auf Candy, machte aber deutlich, daß er selbst immerhin britischer Staatsangehöriger war, auch wenn man das seinem gefälschten russischen Paß so wenig ansehe wie Candys russischem Paß dessen Amerikanertum. Die Wächter zogen sich zur Beratung zurück. Nach einigem Hin und Her wurden die beiden russischen Anglo-Amerikaner schließlich in ein anderes Büro gebracht und dort einem schnauzbärtigen Balkanier oder schnauzbärtigen Balkanesier, so genau war das nicht auszumachen, zur weiteren Befragung vor den Schreibtisch gesetzt. Woher sie wüßten, herrschte der Schnauzbart sie in halb balkanischem, halb balkanesischem Englisch an, daß sein Chef Amerikaner sei? Kakao korrigierte feinfühlig das doppelte Mißverständnis: Sein, also Kakaos Chef sei der Amerikaner, nicht der Chef des Schnauzbarts. Im übrigen sei Candy gar nicht sein, also Kakaos Chef, sondern bloß eine Reisebekanntschaft, die auf eine Autopanne zurückzuführen sei.

Der Schnauzbart hörte ungeduldig zu, schüttelte höhnisch den Kopf, telefonierte und fing schließlich an, mit dem Hörer am Ohr zu nicken. Er legte auf und teilte ihnen knurrend mit, man würde sie nun zum Chef bringen. Ein Wagen mit zugezogenen Vorhängen an den Seitenfenstern fuhr auf den Hof. Kakao setzte sich auf den Beifahrersitz neben den bewaffneten Chauffeur, Candy zu dem Mann auf dem Rücksitz.

Der Mann auf dem Rücksitz war der Chef. Er hatte ein kantiges Kinn, und als Candy ihm in die Augen sah, fühlte er sich merkwürdig an Condola erinnert.

»Sie sind also Amerikaner?« fragte ihn der Chef.

»Ja, natürlich«, antwortete Candy. »Ich bin in Florida aufgewachsen.«

»Ja, ist denn das die Möglichkeit«, rief nun der Chef, und Candy stimmte augenblicklich ins Duett des Wiedererkennens ein.

»Das gibt's doch nicht.«

»So ein Zufall.«

»Das reinste Wunder.«

So staunten sie einander an, und Candy klopfte Condolas Zwillingsbruder auf die Schulter, wie er es bei der Gardenparty der Redwoods getan hatte.

»Die Welt ist wirklich ein globales Dorf«, sagte Candy, »ganz wie der arme Dr. Francis gelehrt hat. Wie würde er sich jetzt freuen, wenn er nicht gehängt worden wäre.«

Erschrocken drückte der Chef auf einen Knopf, und eine schwarze Trennscheibe glitt geräuschlos nach oben. Nun konnten sie ungestört ihre Erlebnisse austauschen.

»Sie werden überrascht sein«, sagte Candy, »wenn ich Ihnen erzähle, daß ich auch Condola, das heißt: Miß Redwood, wiedergetroffen und erst vor kurzem verlassen habe.«

»Wo ist sie?«

»In Moskau, bei einem Mann Namens Korrupinsky, sicher haben Sie schon von ihm gehört.«

»Allerdings.«

Unter dem wechselseitigen Beschwören von Erinnerungen, zu denen auch jene an die hervorragenden Steaks gehörten, die Candy einst auf dem Redwoodschen Grill zubereitet hatte, erreichten sie ein Bürohochhaus, das in der letzten Phase des Bürgerkriegs zwischen Balkanien und Balkanesien ein wenig in der Schußlinie gewesen, jedoch leidlich in Schuß geblieben war. Sie begaben sich in einen Konferenzraum, und nachdem der Chef die beschlagnahmten Pässe zurückgegeben und sich für das Mißverständnis entschuldigt hatte, sprach er zu Candy:

»Nie werde ich vergessen, daß ich erleben mußte, wie unser schönes Anwesen in Florida überfallen, das Vermögen enteignet, Vater in den Tod getrieben, Mutter das Herz gebrochen und meine Schwester vertrieben wurde. Mir selbst gelang es, nach Manhattan zu entkommen. Keiner der alten Geschäftsfreunde der Familie Redwood wollte mich empfangen, es war gerade so, als hättest du, mein lieber Candy, um Audienzen gebeten. Ich kochte vor Wut, ließ mich aber nicht entmutigen, sondern gab zu bedenken, daß ein dauernd im Vorzimmer herumlungernder Redwood in der jetzigen Phase sicher nicht zur Hebung des geschäftlichen Rufes beitragen würde. Ein überzeugendes Argument, wie sich rasch herausstellte. Man empfing mich, man bot mir Orange Juice an, man fragte nach meinen Wünschen. Mir war klar, daß ich nicht zuviel verlangen durfte, aber auch nicht zu wenig. Zum Glück hatte ich von Dr. Francis gelernt, auf das

Verhältnis von Angebot und Nachfrage zu achten. Ich schlug den Geschäftspartnern einen Deal vor: Würden sie mir Gelegenheit geben, mich in einem Job im Ausland zu bewähren, zöge das logischerweise das Ende meiner Anwesenheit in ihren Vorzimmern, mithin das Ende der damit verbundenen Kompromittierung nach sich. Ich bekam einen Job, wie verlangt im Ausland, und zwar sehr. Meine Aufgaben, die alle mit dem Bau von Öl-Pipelines zu tun hatten, führten mich bis in das von den Heiligen Schülern kontrollierte Gebiet. Danach verbrachte ich einige Zeit in Sibirien, wo schwarze Seen brennen und riesige Gasfackeln die Nacht erleuchten. Seit dem Bürgerkrieg in Balkanien und Balkanesien kümmere ich mich hier um russische und amerikanische Interessen, ich helfe beiden Seiten und werde von beiden Seiten bezahlt.

Eines Tages wird das hier vorbei sein, Balkanier und Balkanesier werden jeweils die Toten aus den Massengräbern holen, sie neu bestatten, ein letztes Mal betrauern und dann vergessen, weil es sonst nicht auszuhalten ist. Wenn Balkanien und Balkanesien neu geordnet sind, werden in einem Teil die Russen Geschäfte machen, in einem anderen Teil die Europäer und Amerikaner. Siehst du, und ich werde für alle drei unentbehrlich sein. Der Aufbau, mein lieber Candy, braucht Männer ohne Ideologie, illusionslos, pragmatisch. Männer, die ohne Ansehen und Herkunft etwas leisten, Männer wie mich und dich.«

Der Chef nickte sich selbst gedankenverloren zu. Dann sagte er: »Könnten wir nicht versuchen, Condola herauszuholen? Ich kann diesen Korrupinsky nicht leiden.«

»Das ist mein sehnlichster Wunsch«, freute sich Candy, »dann könnte ich sie um ihre Hand bitten und dich vielleicht um ein wenig Geld für eine Hochzeitsreise nach Venedig.«

»Was, Sie unverschämter Grilldiener«, brauste der Chef auf, »Sie wollen meine Schwester heiraten? Wie kann ein verdammter Bastard, der nicht nur keine Familie, sondern auch kein Geld hat, bloß auf so eine Idee kommen?«

Candy war starr vor Staunen: »Also, mein lieber Redwood, mit Familie und Geld hat das überhaupt nichts zu tun. Ich liebe Ihre Schwester und habe sie von Cash Flow und Bumbum befreit. Außerdem hat uns Dr. Francis oft genug erklärt, wie wesentlich Chancengleichheit für die Neue Weltordnung ist.«

»Das wollen wir erst mal sehen«, schrie der Chef, sprang auf, packte einen Golfschläger, der seitwärts am Schreibtisch lehnte, und drang auf Candy ein. Candy erkannte gerührt, daß es sich um den Schläger des alten Mister Redwood handelte, aber es war kein günstiger Moment für Sentimentalitäten. Der Schlag traf ihn an der Schulter, und schon holte der Chef zum zweiten Mal aus. Candy hatte in Prinzenland tapfer einem Schwenkkran getrotzt und im Hauptquartier eines Warlords einen Markt zum Erliegen gebracht, indem er Angebot und Nachfrage niederstreckte. Sollte er nun diesem Golfer weichen wie ein geprügelter Hund?

Wie ein Tiger sprang der Zorn in ihm auf. Er kam dem zweiten Angriff zuvor, entwand seinem Feind den Schläger und zog ihn mit einer solchen Wucht über dessen Kopf, daß Redwood zu Boden stürzte wie ein gefällter Baum, oder eher wie ein gefälltes Bäumchen, denn trotz seinem Namen war Condolas Bruder von schmächtiger Gestalt.

Als Candy sah, was er angerichtet hatte, warf er den Schläger fort und jammerte: »Oh Gott, jetzt habe ich Condolas Bruder erschlagen, dem ich doch schon zweimal, einmal vor vielen Jahren und einmal vor wenigen Minuten, auf die Schulter geklopft habe. Was bin ich bloß für ein glückloser Mensch, drei Leben lasten auf meinem Gewissen.« Kakao, der vor der Tür gewartet hatte, kam ins Zimmer gestürzt. Ohne mit der Wimper zu zucken, durchsuchte er den Schreibtisch, entlieh eine russische Pistole, ein beachtliches Bündel Dollarscheine und eine Karte von American Express. Dann rief er: »Nichts wie weg hier. Wenn wir es schaffen, uns die Limousine mit den Vorhängen unter den Nagel zu reißen, könnten wir noch einmal davonkommen.«

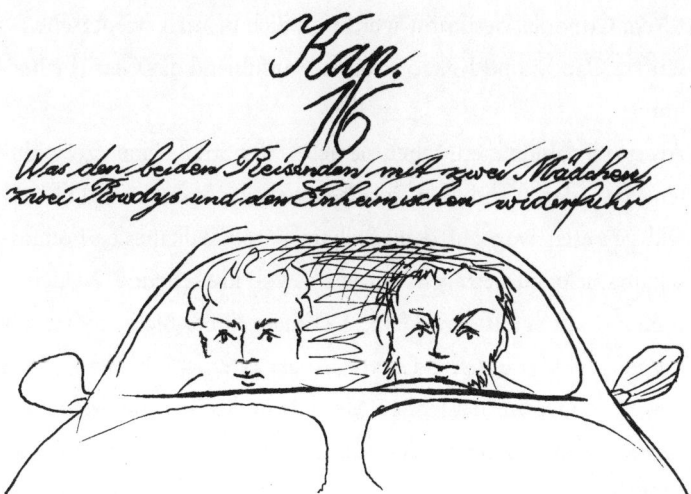

Kap. 16

Was den beiden Reisenden mit zwei Mädchen, zwei Rowdys und den Einheimischen widerfuhr

Kakao und Candy war es tatsächlich gelungen, sich die Limousine mit den Vorhängen unter den Nagel zu reißen und aus der Stadt zu verschwinden, bevor der Tod des amerikanischen Chefs bekannt wurde. Kakao hatte das Dollarbündel und die American Express Card unter der Innenverkleidung der Fahrertür versteckt.

Sie rollten durch Balkanien und Balkanesien und schauten durch die getönten Scheiben auf die Verheerungen, die der Krieg in diesen Ländern angerichtet hatte, die sie so schnell wie möglich verlassen wollten. Denn kein Mensch kann in Frieden leben, wenn es seinem bösen Nachbarn nicht gefällt, was immer auch Dr. Francis dazu angemerkt haben würde.

Candy hing seinen Gedanken nach und mußte traurig einsehen, daß auch er einen Nachbarn ermordet hatte, nämlich den jungen Mann vom Herrenhaus, dem er in ferner Vergangenheit oft über den Weg gelaufen war, und den er gehofft hatte, in naher Zukunft seinen Schwager nennen zu dürfen.

»Ach, Condola, bestimmt werde ich dich niemals wiedersehen«, seufzte Candy, und Kakao schaltete mitfühlend das Getriebe herunter.

Als sie so dahinglitten, sahen sie neben der Straße einen zerwühlten Platz, der in früheren Epochen vielleicht einmal ein Fußballfeld gewesen war, auf dem Balkanier und Balkanesier Freundschaftsspiele ausgetragen hatten. Zwei kreischende Mädchen standen mitten auf dem Platz, und man wußte nicht, ob sie vor Vergnügen kreischten oder vor Angst oder vor beidem. Zwei junge Männer auf heulenden Mopeds umkreisten die Mädchen, kamen näher, entfernten sich, kamen wieder näher und ließen die Motoren jaulen.

Candy holte die russische Pistole aus dem Handschuhfach, die Kakao vor ihrer Flucht beschlagnahmt hatte, und gab einige Schüsse ab. Die Kugeln zischten hoch über die Köpfe der jungen Rowdys hinweg, erschreckten sie aber dermaßen, daß sie wie von der Tarantel gestochen vom Platz und über eine Wiese davonrasten.

»Siehst du, mein lieber Kakao, jetzt habe ich wenigstens diese armen Mädchen vor ihren Peinigern gerettet, denn schließlich hört man schreckliche Dinge über das, was Balkanesier Balkanerinnen antun und Balkaner Balkanesierinnen. Vielleicht wird das die Last lindern, die mir seit dem Tod von Cash Flow, Bumbum und Condolas Bruder auf der Seele liegt.«

Ein Mopedfahrer wurde vom niedrig hängenden Ast eines Baums vom Sitz geschleudert und blieb reglos liegen, der andere stürzte in einen Graben und gab ebenfalls kein Lebenszeichen mehr von sich. Candy wollte Kakao mitteilen, daß dies nun wiederum nicht in seinem Sinn gewesen sei, aber das Wort erstarb ihm auf den Lippen, als er sah, wie die beiden Mädchen schreiend zu ihren verletzten Verfolgern rannten, sich über sie beugten und lauthals um Hilfe riefen.

»Da hast du nun mit deiner Retterei einen Mordsschlamassel angerichtet«, meinte Kakao, »und wir sollten machen, daß wir fortkommen.«

Candy jedoch sprang aus der Limousine und rannte den Mädchen hinterher, um sich zu erkundigen, wie er ihnen helfen könne. Kakao rang den Impuls nieder, sich allein aus dem Staub zu machen, stellte den Motor ab und wartete ergeben auf das, was nun geschehen mußte.

Nach einer Weile kam Candy aufgeregt winkend zurück, von zwei humpelnden Jungen gefolgt, die sich auf zwei weinende Mädchen stützten. Candy und Kakao brachten die vier in ihr Dorf und ließen sie auf einem Platz aussteigen, der zu Friedenszeiten einmal hübsch gewesen sein mochte. Vor den dachlosen Häusern hockten alte Männer auf alten Stühlen und drehten die Stöcke zwischen den Beinen.

Kaum waren die beiden Jungen gestützt auf die beiden Mädchen vom Platz gehumpelt, als ein offener LKW herangerattert kam und die Limousine blockierte. Ein halbes Dutzend bewaffneter junger Männer in Fantasieuniformen sprang von der Ladefläche. Candy und Kakao wurden an eine durchlöcherte Wand gestellt, die Hände verschränkt hinter dem Kopf. Der Anführer des Trupps schrie auf sie ein und fuchtelte mit den russischen Pässen und der russischen Pistole herum, die er im Auto gefunden hatte. Kakao flüsterte Candy zu, daß die Russen die Balkanier unterstützten, während es sich hier um ein balkanesisches Dorf handele: »Sie werden uns aufspießen und rösten, wenn sie uns nicht gleich hier an Ort und Stelle niedermachen.«

»Was ist das nur für ein Durcheinander«, erwiderte Candy erschöpft. »Ich mußte meine geliebte Condola diesem Korrupinsky überlassen, brachte im Auftrag der russischen Mafia einen verplombten Lastwagen nach Balkanien, erschlug dort einen Amerikaner, der noch dazu Condolas Bruder war, und werde nun ins Jenseits befördert, weil die Balkanesier, denen ich doch nur helfen wollte, uns für Russen halten. Ach, was würde Dr. Francis dazu sagen, wenn ihn das Schicksal, das uns nun ereilt, nicht schon längst ereilt hätte.«

Aber Kakao verlor auch diesmal nicht den Kopf: »Nicht gleich verzweifeln. Ich will versuchen, mit den Leuten zu reden.«

»Tu das«, antwortete Candy, »aber sag ihnen, wie unmenschlich es ist, Menschen einfach abzuknallen. Außerdem«, fügte er in Erinnerung an Dr. Francis hinzu, »widerspricht das der Genfer Konvention.«

»Meine Herren«, begann Kakao, »ich kann Ihre Verärgerung verstehen, aber Sie sind im Irrtum, wenn Sie uns für Russen halten. Wir sind nichts weniger als das, wir sind geradezu das Gegenteil. Ich bin britischer Staatsbürger, und dieser Mann hier, der Ihren Mädchen nur helfen wollte, ist Amerikaner. Sie haben eine russische Pistole gefunden und russische Pässe. Die russischen Pässe haben wir fälschen lassen, um aus Rußland zu fliehen, und die russische Pistole haben wir einem russischen Chef abgenommen, den wir in Balkanien kaltgemacht haben. Wenn Ihr Telefon noch funktionieren würde, könnten Sie das ohne weiteres überprüfen. Aber da Ihr Telefon vermutlich nicht funktioniert, schlage ich Ihnen eine andere Beweisführung vor: Hinter der Seitenverkleidung der Fahrertür befindet sich ein Kuvert mit Dollarnoten und eine American Express Card auf den Namen Redwood. Und dieser Mr. Redwood steht hier neben mir ...«

Der Kommandant des Trupps hörte Kakao bedrohlich schweigend an, ging zur Limousine, machte die Fahrertür auf, löste mit einem Jagdmesser die Verkleidung, zog das Geld und die Kreditkarte hervor, baute sich, immer noch schweigend, vor Kakao auf und schaute ihm in die Augen. Dann fing er an zu lächeln, tätschelte ihm die Wange, und endlich brachen die jungen Männer, die sich auf ihre Karabiner, und die alten, die sich auf ihre Stöcke stützten, in lautes Gelächter aus, in das einzustimmen Kakao und Candy sich beeilten.

Die beiden wurden in ein halbwegs unversehrtes Haus geführt und mit allem bewirtet, was im Dorf an Leckerbissen noch aufzutreiben war. Die von Candy geretteten Mädchen kamen fröhlich herbei, zögernd gefolgt von den beiden humpelnden Jungs, die dem Frieden noch nicht ganz zu trauen schienen. Candy wollte die Jungs für den Schaden, den sie durch seine vorschnelle Ritterlichkeit erlitten hatten, entschädigen, teilte das Dollarbündel in zwei Hälften und überreichte das Geld.

Die Jungs hatten nicht einmal Zeit, sich zu freuen, denn der Kommandant riß das Geld sofort an sich, zählte ein paar Scheine ab, ein paar für jeden der Jungs und ein paar mehr für sich, und drückte die restlichen Dollars Candy wieder in die Hand.

»Wir sind keine Wegelagerer«, erklärte er stolz, und die alten Männer nickten zufrieden, »sondern Soldaten, die ihre Heimat verteidigen.«

Dann wurden Candy und Kakao zu ihrem Auto begleitet und freundlich verabschiedet.

Kap.
17

Wie Candy und Kakao in der Stadt Honkong ankamen, und was sie dort sahen

Als sie an der Grenze Balkanesiens angelangt waren, sagte Kakao zu Candy: »Geschafft! Ich glaube, das beste ist, wir sehen jetzt zu, daß wir auf dem schnellsten Weg nach London kommen.«

»Und was sollen wir dort machen?« fragte Candy.

»Mir wird schon was einfallen«, versprach Kakao, und Candy überlegte: »Wenn ich nach Amerika zurückkehre, stecken sie mich wieder in die Army. In Moskau können wir uns ebenfalls nicht mehr blicken lassen, so groß meine Sehnsucht nach Condola auch ist. Was Balkanien und Balkanesien betrifft, so bin ich froh, daß wir uns heil herausgewunden haben. Warum nicht nach London gehen, um den großen Ben bimmeln zu hören.«

Es war leicht, nach London zu kommen, aber schwer, dort zu bleiben. Die Limousine verkauften sie für wenig Geld im Grenzgebiet Balkanesiens und bezahlten damit die Passage nach Wien und den Flug von Wien nach London. Aber Kakao fand sich in seiner Heimatstadt nicht mehr zurecht, er war zu lange fort gewesen. Die vielen Freunde von früher, die es auch in der Zwischenzeit zu nichts gebracht hatten, konnten ihm nicht helfen, und die wenigen, die es in der Zwischenzeit doch zu etwas gebracht hatten, wollten es nicht.

Kakao, der genausogern Ratgeber spielte wie die alte Frau, machte wieder einen Vorschlag: »Wir schaffen es nicht in London, wir versuchen es in Hongkong. Es ist das reinste El Dorado, du wirst sehen.«

»Okay«, erwiderte Candy, »dann auf nach Hongkong.«

Glücklicherweise hielt ihnen beim Kauf der Tickets die Redwoodsche Kreditkarte ein letztes Mal die Treue, bevor sie resigniert die Zusammenarbeit beendete. Die Ärmste konnte das Mißverhältnis zwischen den Einzahlungen, die überhaupt nicht, und den Auszahlungen, die sehr regelmäßig erfolgten, nicht länger ertragen.

Während ihrer Reise träumten Candy und Kakao vom kapitalistischen El Dorado auf der Nasenspitze des kommunistischen Drachen. Es würde ihnen schon gelingen, dort noch rasch ihr Glück zu machen, bevor Großbritannien die Stadt an China zurückgab und El Dorado dem Drachen in die Klauen fiel.

»Das Empire mag untergegangen sein«, räsonierte Kakao, »und das große Britannien in der Neuen Weltordnung nur noch den Sozius von euch Amerikanern spielen. Aber unsere Verträge, selbst wenn wir sie vor hundert Jahren geschlossen haben, halten wir ein – zumal uns nichts anderes übrigbleibt.«

Nach dem langen Flug durch das schwarzblaue Nirgendwo über den Wolken sahen sie endlich die unermeßlich reiche Stadt unter sich. Sie glitzerte wie ein von Riesen aufgehäufter Schatz.

»*By heaven*«, stammelte Candy, »das ist doch etwas ganz anderes als Florida.«

In Hongkong gab es nicht nur eine Menge Hochhäuser mit fünfzig Stockwerken aufwärts und Hotels mit tausend Zimmern, in denen eine Übernachtung achthundert Dollar kostete, es gab auch Straßenbahnen und anglikanische Kirchlein und englische Clubs im Bezirk Victoria, in denen chinesische Kellner, die Charles hießen, Würstchen mit Bohnen zum Frühstück servierten. Hier hätte sich Kakao ganz wie zu Hause fühlen können, wenn man ihm nicht ebenso wie in London die Mitgliedschaft verweigert hätte.

Es gab auch *Kentucky Fried Chicken*-Läden, die *Wall Street Bar* am Kyoto Plaza und Tanzschuppen, die *San Francisco* oder *Phoenix* hießen und in denen amerikanische DJs die Platten auflegten. Hier hätte sich Candy ganz wie zu Hause fühlen können, wenn er von den Türstehern hineingelassen worden wäre.

Stattdessen beschlossen Candy und Kakao nach einem Spaziergang durch feine Shopping Malls mit französischen und italienischen Boutiquen, sich im *American Restaurant* bei einer Pekingente und etlichen *Heineken* von dem Reichtum zu erholen, der sie seit ihrer Ankunft von allen Seiten umzingelte. In Hongkong konnte der Drink in einer Bar 40 Dollar kosten, der Eintritt zur Diskothek 300 Dollar, ein Apartment 15000 im Monat und ein Friedhofsgrab 80000 im Jahr. Alles war teuer, alles war kostbar, das Geld lag auf der Straße.

»Wir müssen nur herausfinden, wie man es aufhebt«, meinte Kakao, nippte an seinem Bier und blickte durch das riesige Panoramafenster auf die Straße hinaus, um die vorbeifahrenden Rolls Royce zu zählen, die hier so zahlreich waren wie die Yellow Cabs in New York.

Als die Kellnerin, eine besonders hübsche Philippina, die Teller abräumte und nach weiteren Wünschen fragte, bestellte Candy zum allerletzten Mal zwei Bier, trotz des alarmierenden Puckerns in der Magengegend, das weder auf die gemeinsam mit Kakao verspeiste Ente noch auf die Batterie *Heineken* zurückzuführen war, sondern auf die unangenehme Tatsache, daß sie sich beides eigentlich nicht leisten konnten.

Nach einer Weile kam der Wirt an ihren Tisch, stellte sich vor, nahm Platz und lud sie zu einer weiteren Runde ein. Es handelte sich nicht um einen Amerikaner, wie der Name des Restaurants weniger weltläufige Reisende wie Candy und Kakao vielleicht hätte vermuten lassen, es handelte sich auch nicht um einen Chinesen, wie die angebotenen Speisen Candy und Kakao trotz ihrer Weltläufigkeit hatten vermuten lassen.

Der Wirt war ein Inder mit britischem Paß, in dem allerdings ein paar Worte zuviel standen. Diese Worte beschränkten die Gültigkeit des Passes auf Hongkong und schlossen die Berechtigung aus, in England zu leben. Der Wirt befürchtete sehr, nach der Übergabe der Stadt von den Chinesen nicht länger geduldet zu werden und sich weder nach England, von dem er nur einen zweitklassigen, noch nach Indien, von dem er gar keinen Paß hatte, retten zu können. Candy und Kakao trösteten ihn, so gut sie konnten.

So schlimm, meinten sie, würde es nach der Übergabe an China schon nicht werden. Das riesige Land brauche viel Geld für seine Entwicklung, und wo war dieses Geld leichter zu beschaffen als in diesem El Dorado?

Der Inder lachte und sagte: »Failed in London, try Hongkong! Ihr FILTHies glaubt immer, hier liegt das Geld auf der Straße, nicht wahr? Aber achtet mal darauf, wer im Zentrum die Billigjobs macht, bei der *Pacific Coffee Company* zum Beispiel, alles FILTHies wie ihr, oder Australier oder verirrte Europäer.«

Kakao meinte gelassen, daß ein Mann, der schon Schokolade von Bäumen gepflückt hat, auch Kaffee in Tassen gießen könne. Und was Candy betreffe, der sei kein FILTH, kein Aussi und kein Europäer, sondern ein waschechter Amerikaner aus Florida, der es sehr amüsant finde, sich in Hongkong nach dem Verputzen einer Pekingente im *American Restaurant* vom indischen Wirt als Londoner Versager titulieren zu lassen.

Sie lachten im Trio, und die philippinische Kellnerin stellte ein weiteres Trio Heineken auf den Tisch. So ging der Abend dahin, und vor dem Panoramafenster leuchteten bunt die abermillionen Lichter der wunderbaren Stadt.

Als es daran ging, die Rechnung zu begleichen, beschloß Kakao, die längst leergeplünderte American Express Card zum Einsatz zu bringen, um dann, wenn der Wirt unverrichteter Dinge mit ihr zurückkommen würde, überrascht und erschrocken zu tun. Aber Kakao hatte die Rechnung ohne den Wirt gemacht, der seine Gäste plötzlich Freunde nannte und die Zeche selbst bezahlte. Candy und Kakao durften sich damit begnügen, der hübschen philippinischen Kellnerin ein Trinkgeld zu überreichen, das der Situation entsprechend großzügig ausfiel und das Barvermögen der beiden auf einen Schlag halbierte.

Der Wirt, der genau begriffen hatte, mit welchen Habenichtsen er es zu tun hatte, war darüber so gerührt, daß ihm die Augen feucht wurden. Seine eigene, eher mangelhafte Großzügigkeit dem philippinischen Personal gegenüber blieb von dieser Empfindung freilich unberührt. Die sentimentale Erinnerung an seine Paria-Herkunft wurde rasch wieder von der Sorge verdrängt, ob er auch in Zukunft das Erreichte würde bewahren und mehren können. Vielleicht würden die Rotchinesen ihn wirklich zwingen, die Stadt zu verlassen, in der er sein Glück gemacht hatte.

Für diesen Fall konnte eine kleine Portion vorausschauende Freundschaft mit dem abgebrannten angloamerikanischen Duo nicht schaden. Er lud Candy und Kakao ein, in einem Personalzimmer zu übernachten, das gerade leer stand, denn so wenig seine Leute bei ihm verdienten, so viel mußten sie für ihre Unterkunft bei ihm bezahlen.

Nachdem er seinen Gästen das Zimmer gezeigt hatte, versprach er, sie am nächsten Tag einem seiner Stammkunden zu empfehlen, einem alten Chinesen, der beste Verbindungen in die Geschäftswelt habe. Der alte Chinese, fuhr der Wirt fort, besuche regelmäßig sein *American Restaurant*, weil es dort das beste Chop Suey in ganz Hongkong gebe, wie Candy und Kakao leicht hätten feststellen können, wenn sie sich nicht für die Pekingente entschieden hätten. Chop Suey sei in den Chinatowns der amerikanischen Ostküste erfunden worden, der Klassiker der chinesischen Restaurants überall auf der Welt mithin ein Emigrantengericht.

Der alte Chinese, erklärte der Wirt, bevor er angenehme Nachtruhe wünschte und sich zurückzog, sei ein weiser Mann, der die Lehre des Konfuzius mit der modernen Marktwirtschaft verbinde und darüber Vorträge in ganz Südostasien halte. Er könne ihnen sicher die Tür zu einer Karriere öffnen.

Candy und Kakao wunderten sich, und einer sagte zum anderen: »Es ergeht uns wirklich merkwürdig in dieser Stadt. Wir haben gegessen, wir haben getrunken, wir wurden belehrt und jetzt werden wir schlafen, ohne auch nur einen Hongkongdollar für all das bezahlen zu müssen. Denn das hübsche Trinkgeld für die noch hübschere philippinische Kellnerin haben wir freiwillig gegeben.«

Dann meinte Kakao, wie immer um keinen Vorschlag verlegen: »Wir sollten trotzdem sehen, daß wir bald zu Kohle kommen.« Candy nickte und sagte: »Das sollten wir. Und ich bin sicher, Dr. Francis hätte nicht besser geraten.«

Kap.
18

Was Candy und Kakao weiter in der Stadt Hongkong erlebten

Am nächsten Tag führte der Wirt des *American Restaurant* ein Telefonat mit dem alten Chinesen, der Candy und Kakao sofort zu sich bestellte. Das Apartment des alten Chinesen war bescheiden, aber die Einrichtung bewies Geschmack. Die wenigen Zimmer, es können höchstens sieben oder acht gewesen sein, waren mit bemalten Seidentapeten geschmückt, auf denen Hibiskusblüten zartrosa schimmerten. Postmoderne Designersofas wurden von alt-chinesischen Lackparavents eingerahmt, und in einer prachtvollen Porzellanvase steckte ein opulenter Strauß Stoffrosen. Das alles brachte den reizendsten Kontrast zwischen Tradition und Fortschritt hervor, der durch das Sortiment aus sehr alten und gerade erst erschienenen Büchern in kostbar geschnitzten europäischen Rokokoschränken noch verstärkt wurde.

Nachdem der alte Chinese Candy und Kakao begrüßt und ihnen seine Schätze gezeigt hatte, ließ er in äußerst zarten, fast durchsichtigen Porzellantäßchen grünen Tee servieren. Aus diesen Tassen hätten schon die Mandarine der Ming-Zeit vor fünfhundert Jahren getrunken, sagte der Weise und begann zu erzählen: »Ich gehöre zu den anderthalb Millionen Chinesen, die 1949 vor Maos Volksarmee nach Taiwan flohen, wo General Chiang-Kaishek im Jahr darauf die Republik ausrief. Sie wissen sicher, daß die Beziehungen zwischen Taipeh und Peking immer äußerst gespannt waren. Aber mit Beginn der 90er hat wenigstens wirtschaftlich eine gewisse Entspannung eingesetzt. Viele Taiwan-Chinesen sind über Hongkonger Holdings an Firmen auf dem Festland beteiligt. Jetzt machen sich viele Sorgen, was aus ihren Investitionen wird, wenn die Stadt an die Kommunisten fällt. Nun, ich bin gespannt, wie sich das entwickelt, und ob die Pekinger Regierung Hongkong mit der gleichen Weitsicht verwaltet, die sie in den letzten Jahren bei der Einrichtung der hoch profitablen Sonderwirtschaftszonen bewiesen hat.«

Die Ausführungen des alten Chinesen zogen sich sehr in die Länge. Er sprach von Chiang-Kaisheks Verdiensten, Maos Verbrechen und Deng Xiaopings Pragmatismus, von der besonderen Verfassung Taiwans, von den politischen Garantien der Vereinigten Staaten für Taiwan – er drehte sich zu Candy und neigte würdevoll den Kopf, vom wirtschaftlichen Engagement der Briten in Taiwan – er drehte sich zu Kakao und neigte würdevoll den Kopf. Dann begann er, die ökonomische Dynamik Südostasiens, aber auch Chinas ausgiebig zu preisen. Die Weltordnung der Zukunft werde nicht vom abendländischen Rationalismus geprägt, sondern von einer neuartigen Verbindung aus ökonomischer Effizienz und konfuzianischer Ethik. Die Menschen, die der Westen durch den Kult der individuellen Freiheit verdorben habe, würden in die Geborgenheit der Gemeinschaft zurückfinden und sich freudig einordnen in etwas, das größer ist als sie selbst. Deshalb, meinte der alte Chinese, werde das 21. Jahrhundert das Jahrhundert Chinas sein, wie das 20. Jahrhundert das der Amerikaner – er neigte den Kopf vor Candy, und das 19. Jahrhundert das der Briten – er neigte den Kopf vor Kakao, gewesen sei.

Candy überlegte, was wohl Dr. Francis darauf geantwortet hätte, hielt es jedoch für klüger, seinen Gastgeber nicht mit dem Beharren auf der amerikanischen Version der Neuen Weltordnung zu verärgern. Er hatte nicht vergessen, welch hohen Preis Dr. Francis für sein Rechthaben im falschen Augenblick bezahlen mußte. Und wenn der alte Chinese auch kein Hüter des Göttlichen Rechts war und nicht wie der weißbärtige Prediger in jenem abgelegenen Dorf die Diskussion durch ein Todesurteil beenden konnte, so schien es doch ratsam, die angenehme Atmosphäre nicht durch Zwischenfragen zu stören, sondern geduldig auf eine Gelegenheit zu warten, um die Weisheit des Gastgebers von der ferneren Zukunft Hongkongs, Chinas und der Welt auf die allernächste von Candy und Kakao zu lenken.

Endlich besann sich der alte Chinese auf den Grund ihres Besuches und versprach, ihnen zu helfen. Einer der Manager, die seine Vorträge über Konfuzianismus und Marktwirtschaft besuchten, sei Chief Executive Officer der HTC, der *Hongkong Trust Company*. Dieser CEO habe seine wunderbare Karriere in dieser wunderbaren Stadt vor vielen Jahren selbst als mittelloser FILTH begonnen und sei heute eine der einflußreichsten Persönlichkeiten im südostasiatischen Wirtschaftsraum.

Der alte Chinese ließ sie in seinem Wagen, der zu Kakaos Bedauern kein Rolls Royce war, zur Konzernzentrale fahren. Sie hielten vor einem riesigen Turm aus Glas und Stahl. Allein die Eingangshalle war so groß wie eines der kleineren Hochhäuser in der

Nachbarschaft. Zwanzig philippinische Pagen standen vor den zwanzig Türen der Aufzüge, in denen die Angestellten nach oben befördert und wieder heruntergeholt wurden. Ein junger Chinese in dunklem Anzug trat auf Candy und Kakao zu, verneigte sich und führte sie wortlos zu einem der Aufzüge. Die Kabine war innen vollständig verspiegelt. Sogar von der Decke konnten sie auf sich herabsehen, wenn sie die Köpfe in den Nacken legten und zu sich aufsahen. Die Kabine war allein den Besuchern des CEO vorbehalten und brachte sie ohne Zwischenhalt mit sanftem Rauschen bis ganz nach oben.

Dort wurden sie von dem jungen Chinesen im dunklen Anzug schon erwartet, was Candy erstaunte. Aber Kakao wies darauf hin, daß es sich gewiß um einen anderen jungen Chinesen in dunklem Anzug handele, Candy falle es wie allen Menschen aus dem Westen schwer, asiatische Gesichter auseinanderzuhalten.

Sie wurden in ein Vorzimmer geleitet, das in jedem anderen Unternehmen ein Versammlungssaal gewesen wäre, so beeindruckend waren seine Ausmaße. Die Wände waren aus Glas, und als Candy und Kakao herantraten, sahen sie mit königlichem Blick über die ganze Stadt. Im Zentrum wuchsen wie Stalagmiten einer neben dem anderen die Türme in den Himmel. Alles glänzte und blitzte, lautlos und unaufhörlich vermehrte sich das Kapital. Der junge Chinese im dunklen Anzug stand hinter Candy und Kakao am Fenster und flüsterte die Namen der Banken und Konzerne, denen die Wolkenkratzer gehörten. Kakao erkundigte sich nach der Börse, und sie wurde ihm gezeigt. Candy fragte nach der Einwohnerzahl, und die Antwort lautete: »Acht Millionen, nur wenig größer als London und nicht ganz so groß wie New York. Gemessen an anderen ostasiatischen Metropolen sind wir kleinstädtisch, dafür aber recht wohlhabend. Manila hat zwölf, Schanghai vierzehn, Jakarta siebzehn und Tokio siebenundzwanzig Millionen Einwohner.«

Nachdem sie das alles erfahren hatten, ließ der junge Chinese im dunklen Anzug sie allein. Sie warteten lange und zollten ihren Tribut an Zeit, wie es üblich ist, bevor man Zugang zu den Mächtigen erhält. Schließlich wurden sie in das CEO-Büro gerufen, dessen Ausmaß das des Vorzimmers noch erheblich übertraf. Der CEO kam dynamisch hinter einem gläsernen Schreibtisch hervor, auf dem leise ein Notebook zirpte, drückte ihnen die Hand und komplimentierte sie schulterklopfend zu den drall gepolsterten, grünlichen Ledersesseln, die auch in einen Londoner Club gepaßt hätten. Der CEO war ein leutseliger Mann und vergnügte sie mit skurrilen Anekdoten über seinen steilen Weg nach oben. Dann wurde er ernst und sprach über die Eigenheiten des Hongkonger Wirtschaftslebens im allgemeinen und der *Hongkong Trust Company* im besonderen. Schließlich bot er Candy und Kakao Jobs im Unternehmen an.

Ein Jahr verbrachten sie in der Stadt, waren fleißig und lebten sparsam. Hin und wieder wurden sie vom indischen Wirt ins *American Restaurant* eingeladen. Sie aßen Pekingente, tranken mit dem Wirt etliche Trios Heineken, wurden mit der Rechnung verschont, händigten den häufig wechselnden Kellnerinnen ein Trinkgeld aus, das zum Glück das Budget nicht mehr schlagartig halbierte, und übernachteten nach jeder neuen Aufführung der Zechoper zur Erinnerung an die Premiere in einem leerstehenden Personalzimmer.

Wenn der alte Chinese mit von der Partie war, gab es Chop Suey, grünen Tee und konfuzianische Ausführungen. Den CEO bekamen sie nicht mehr zu Gesicht. Immer häufiger sagte Candy zu Kakao: »Auch wenn das Geld nicht auf der Straße liegt, sondern verdient sein will, gefällt es mir hier besser als bei der Army, bei Cash Flow und Bumbum, bei Korrupinsky in Moskau und abgebrannt in London, von Balkanien und Balkanesien gar nicht zu reden. Aber leider ist Condola nicht hier, und das Leben ist zu teuer. In Hongkong sind unsere Ersparnisse nicht der Rede wert, in Europa könnte man etwas damit anfangen.«

Eines Tages war Kakao einverstanden. Sein Verlangen, zu einem neuen Ort aufzubrechen, um dort von den Abenteuern am alten zu erzählen, gewann die Oberhand. So beschlossen sie, den CEO über die Vermittlung des alten Chinesen um eine weitere Audienz und bei dieser Gelegenheit um ihren Abschied zu bitten.

»Ihr macht eine Dummheit«, sagte der überraschte CEO. »Man soll dort bleiben, wo man einen Fuß auf die Erde bekommen hat. Das ist euch mit viel Glück doch einigermaßen gelungen. Wie dem auch sei, ich will euch nicht festhalten. Und obwohl ihr nur ein Jahr dabei wart, sollt ihr eine Abschlußgratifikation erhalten, wenn ihr noch einen Auftrag erfüllt. Die *Hongkong Trust Company* betreibt neben ihren vielen anderen Geschäften in Shenzhen, einer Sonderwirtschaftszone auf dem Festland, mehrere Spielzeugfabriken. Eine Organisation von Störenfrieden, die sich *Child Watch* nennt, behauptet, in diesen Fabriken würden Kinder zur Arbeit gezwungen. Eine Kampagne dieser Leute könnte unsere Abnehmer in Europa und den USA verunsichern. Die Kundschaft will nichts davon wissen, daß ihre Kinder mit Sachen spielen, die andere Kinder hergestellt haben. Fahrt bitte aufs Festland, schaut euch die Fabriken an und schreibt einen Bericht. Einen unabhängigen, versteht sich, denn die Abschlußgratifikation wird schließlich von uns bezahlt. Ansonsten wünsche ich euch viel Glück.«

Der CEO arrangierte alles.

Er legte die Ersparnisse Candys und Kakaos zuzüglich der in Aussicht gestellten Gratifikation in Immobilienfonds an und stattete jeden von ihnen großzügig mit Reisegeld aus. Nachdem das erledigt war, informierte er die Fabrikdirektoren über den Kontrollbesuch und ließ Candy und Kakao mit seiner Privatmaschine nach Shenzhen bringen. Während des Flugs dachte Candy an Condola. Er träumte davon, ihr all das zu Füßen zu legen, was er bisher erreicht hatte.

»Wir müßten jetzt genug haben, um Condola bei diesem Korrupinsky auszulösen«, meinte er, »falls sie dort überhaupt noch auszulösen ist. Aber zunächst kehren wir nach Europa zurück und versilbern unsere Fondsanteile. Dann wollen wir sehen, wo wir uns einkaufen.«

Kap.
19

Was ihnen in Shenzhen widerfuhr, und wie Candy mit
Thomas bekannt wurde

Der erste Tag auf dem Festland verlief recht angenehm für die
beiden Reisenden. Die deponierten Anteile des Hongkonger Immobilienfonds und die Anzahl der Reiseschecks, die sie mit sich
führten, gaben ihnen das anmutige Gefühl finanzieller Unbe-
schwertheit. Candy in seiner Freude sprach dauernd von Condola und von dem Wiedersehen, zu dem es nun bald kommen
würde.

In den nächsten Tagen wurde die Reise allmählich beschwerlich,
die Kosten waren höher als erwartet, besonders was die als Ge-
bühren getarnten Bestechungsgelder betraf, die sie undurchsichtig chinesisch blickenden Beamten auszuhändigen hatten. Sie
wurden in die Fabriken geführt, ertrugen lange Vorträge der Ar-
beitsdirektoren, inspizierten streng bewacht einige Produktions-
stätten und trafen kurz mit eingeschüchterten Arbeiterinnen zusammen, die alle schon sechzehn waren.

Eines Tages wurden sie nach der Inspektion von einem kleinen Mädchen angesprochen, dem es gelungen war, für ein paar Minuten seinen Aufsehern zu entkommen. Die Augen der Kleinen waren entzündet und die Lippen geschwollen. An der linken Hand fehlten zwei Finger. Der graue Kittel, in dem es steckte, starrte vor Schmutz.

»Mein Gott!« rief Candy, »was ist mit dir geschehen, mein armes Kind?«

»Ich bin Arbeiterin in der Spielzeugfabrik«, antwortete das Mädchen.

»Wurdest du hier so zugerichtet?« erkundigte sich Candy.

»Ja, das ist hier so üblich. Die Dämpfe der Lösungsmittel haben meine Augen entzündet. Die Schläge des Aufsehers ließen meine Lippen schwellen. Eine Maschine hat mir zwei Finger abgerissen. Ich bin zwölf Jahre alt. Ich kann Englisch, weil ich bei meinen Eltern in den Slums am Rande Hongkongs aufwuchs, bevor ich aufs Festland kam, um in der Spielzeugfabrik mein Brot zu verdienen. Wir arbeiten vierzehn Stunden täglich an sieben Tagen die Woche. Erwachsene verdienen zwei Dollar am Tag, Kinder die Hälfte. Wir bemalen lustige Figuren und ziehen ihnen bunte Kleidchen an. Seit meinem Eintritt vor einem halben Jahr habe ich die Fabrik nicht mehr verlassen. Wir schlafen hinter Gittern, zwanzig Mädchen in einem Raum. Für die Schlafplätze und das Essen, das uns an die Arbeitsplätze gebracht wird, zieht man uns einen Teil des Lohns ab. Wenn Inspektoren kommen, werden alle Arbeiterinnen unter sechzehn zu einem Versteck in einem anderen Teil des Geländes gebracht. Das ist der Preis, um den eure Kinder mit billigem Spielzeug spielen. Als mich meine Eltern hierher schickten, schärften sie mir ein: Sei fleißig und gehorsam, und wenn du einem Chef begegnest, besonders wenn es ein europäischer oder amerikanischer Chef ist, sei artig und beklage dich nicht. Sonst wird man dich feuern, und was soll dann aus dir und aus uns werden. – Ich kann nicht mehr fleißig sein. Ich bin so schrecklich müde. Ich will nicht mehr leben.« Dann ging das kleine Mädchen langsam davon.

»Oh, Dr. Francis!« rief Candy, »von solchen Gräueln hast du nichts geahnt! Es kommt noch so weit, daß ich an der Neuen Weltordnung verzweifle und dem Optimismus des Marktes abschwöre.«

»Was ist denn das, der Optimismus des Marktes?« fragte Kakao.

»Ach«, erwiderte Candy, »das ist die Verrücktheit zu behaupten, daß alles gut ist, auch wenn es vielen schlecht geht.«

Und er weinte, während er dem kleinen Mädchen nachsah, und konnte sich nicht beruhigen.

In den Bericht, den er für den CEO der *Hongkong Trust Company* anfertigte, schrieb Candy alles, was er gesehen, und auch das, was er von dem kleinen Mädchen gehört hatte. Dann erkundigte er sich im Hafen nach einem Schiff, das ihn und Kakao nach Europa bringen konnte, ohne vorher Hongkong anzulaufen. Candys Sehnsucht nach Condola und sein Verlangen, sie endlich aus den Fängen – im schlimmsten Fall aus den Armen – Korrupinskys zu befreien, duldete keinen weiteren Aufschub.

Er lernte einen vietnamesischen Kapitän kennen, der einst für den Vietcong gekämpft hatte. Und weil Candy trotz allem Leid, das er seit der Vertreibung vom Redwoodschen Anwesen selbst erlebt und von anderen erfahren hatte, das Herz immer noch auf der Zunge trug, weihte er den Mann in seine Geschichte ein, ohne zu bedenken, daß ein Vietnamese, der für den Vietcong gekämpft hat, vielleicht eher Partei für einen Russen ergreift als für einen Amerikaner.

So kam es denn auch. Der Kapitän ließ sich die Gelegenheit zu dieser winzigen Rache nicht entgehen und weigerte sich höhnisch, Candy an Bord zu nehmen.

Daraufhin nahm Candy Kakao beiseite: »Hör zu, mein lieber Freund, der Kapitän mag keine Amerikaner, aber seine Abneigung gegen euch Briten scheint nicht so groß zu sein, daß sie sich durch Geld nicht überwinden ließe. Es ist wohl am besten, du verläßt Shenzhen mit diesem Schiff und steigst bei erster Gelegenheit in ein Flugzeug nach Moskau um. Du hast keinen westlichen Waffenhändler getötet, und Korrupinsky muß nicht fürchten, sich deshalb mit dir zu kompromittieren. Biete ihm Informationen über Redwoods Doppelspiel in Balkanien an, das wird ihn interessieren. Bei dieser Gelegenheit kannst du dann herausfinden, auf welchem Fuß er mit Condola steht, und ihm ein Angebot machen. Ich werde inzwischen sehen, wie ich von hier fortkomme. Wir treffen uns in Venedig, denn gerade weil der junge Redwood mir statt Geld für eine Hochzeitsreise eins mit dem Golfschläger gab, bestehe ich darauf, Condola zu meiner Frau zu machen, und zwar genau in dieser Stadt.«

Kakao war mit dem Plan einverstanden, trotz der Trennung von seinem Freund, dem er so gern mit seinen Ratschlägen gedient hatte. Sie umarmten einander, und Candy erinnerte Kakao ausdrücklich daran, bei der Auslösung Condolas die alte Frau nicht zu vergessen. Kakao ging noch am selben Tag an Bord.

Candy blieb noch einige Zeit in Shenzhen. Er sah sich vergeblich nach einer anderen Schiffspassage um, und ebenso vergeblich versuchte er, telefonisch den CEO in Hongkong zu erreichen, um sich nach der Wirkung seines Berichts zu erkundigen. Als er schließlich bei der Bank nach dem aktuellen Wert seiner Fondsanteile fragte, erfuhr er, welche Wirkung der Bericht gehabt hatte.

Es gab keine Fondsanteile mehr, der CEO hatte das Depotkonto aufgelöst.

Immerhin lernte Candy bei seinen Streifzügen im Hafen einen chinesischen Parteifunktionär kennen, der für gewisse diplomatische Missionen, wie er sich etwas diffus ausdrückte, über eine hochseetüchtige Yacht verfügte. Der Funktionär versprach, Candy gegen eine gewisse Gebühr nach Taiwan zu bringen. Die Höhe der gewissen Gebühr stieg im Lauf der Verhandlung erheblich. Der schlaue Chinese hatte gemerkt, wie wenig Candy am Geld lag, und wie viel daran, rasch aus Shenzhen fortzukommen. Endlich gab sich der Chinese zufrieden, und Candy stellte Reiseschecks aus.

Nach Abwicklung der Transaktion ging er in seine Unterkunft, packte seine Sachen und kam gerade noch rechtzeitig zum Hafen, um völlig verblüfft der Funktionärsyacht hinterherzusehen, die mit fröhlich flatternder Fahne davonfuhr. Tief bekümmert kehrte er in die Stadt zurück, denn für nichts und wieder nichts hatte er viele von den Schecks ausgestellt, die immer weniger wurden.

Candy lief sofort in die Parteizentrale, um sich beim örtlichen KP-Vorsitzenden, dem er bei seinen Inspektionen hin und wieder begegnet war, zu beschweren. Bevor der KP-Vorsitzende seine Beschwerde anhörte, war eine kleine Gebühr fällig, und das Anfertigen einer Aktennotiz setzte eine weitere kleine Gebühr voraus. Nachdem der KP-Vorsitzende das Geld erhalten hatte, sagte er zu Candy, seine Absicht, die Partei-Yacht zu mieten, sei als Korruptionsversuch strafbar; er solle froh sein, daß man ihn nicht ins Gefängnis werfe, sondern sich mit einer Geldstrafe begnüge, die allerdings auf der Stelle zu entrichten sei.

Das brachte Candy vollends zur Verzweiflung.

Die Kaltschnäuzigkeit des KP-Vorsitzenden und die Unverfro-
renheit des Funktionärs mit der Partei-Yacht ließ ihm die Galle
überlaufen und versetzte ihn in düstere Schwermut, und er gab
sich den allertraurigsten Grübeleien hin. Er hatte viel gegeben
und nichts bekommen, obwohl in der kommunistischen Sonderwirtschaftszone die Gesetze der Marktwirtschaft galten. Nicht
einmal der Gedanke an Dr. Francis' Theorie der situativen Ausnahme konnte ihn aufheitern.

Dies währte einige Tage, bis Candy von einem Containerschiff
hörte, das nach Hamburg auslaufen sollte. Er buchte eine der billigen Passagierkajüten mit zwei Betten, solche mit einem Bett gab
es nicht, und erzählte in der Stadt herum, daß er einen Begleiter
suche, dem er nicht nur kostenfrei den zweiten Platz überlassen,
sondern auch die Verpflegung bezahlen würde – der Reisebeglei-
ter müsse allerdings seines Lebens überdrüssig und überhaupt der
unglücklichste Mensch des ganzen Landes, wenn nicht des
ganzen Kontinents sein.

Es meldeten sich so viele Bewerber, daß eine Flotte nicht ausge-
reicht hätte, sie aufzunehmen. Um eine engere Wahl treffen zu
können, suchte er zwanzig heraus, die ihm recht umgänglich er-
schienen und von denen jeder glaubte, schlimmer dran zu sein als
alle anderen. Er lud sie zu einem Abendessen ein, bei dem jeder
seine Lebensgeschichte erzählen mußte. Der Mann mit der be-
klagenswertesten Geschichte sollte sein Begleiter werden.

Das Abendessen dauerte bis vier Uhr morgens. Während Candy
all die Geschichten anhörte, mußte er daran denken, was die alte
Frau im Bauch des Transportflugzeugs nach Moskau gesagt hatte,
und an ihre Wette, daß es niemanden gäbe, der nicht sich selbst
für den unglücklichsten aller Menschen hielte. Auch an Dr. Francis mußte er denken: Er würde mit seiner Theorie und seinen

situativen Ausnahmen schön in Verlegenheit kommen. Schade, daß er nicht hier ist. Eines ist jedenfalls sicher: Nirgendwo ist alles vortrefflich eingerichtet, nicht einmal in unserem El Dorado, aus dessen Elendsvierteln das verzweifelte kleine Mädchen stammte. Candy entschied sich für einen armen Journalisten, der lange und vergeblich für deutsche Zeitungen über das Elend hinter der Hongkonger Goldfassade und in den chinesischen Sonderwirtschaftszonen berichtet hatte und schließlich in Shenzhen hängengeblieben war. Kein anderer Beruf auf der Welt, meinte Candy, könne einem so zu schaffen machen, wie der Versuch, von bitteren Wahrheiten zu leben, die niemand hören will.

Der gelehrte Ex-Journalist, eine gute Seele durch und durch, war von seiner Frau verlassen und von seinem Chefredakteur gefeuert worden. Die Hongkonger Behörden hielten ihn für einen Kommunisten und verwehrten ihm die Einreise; die Parteifunktionäre der Sonderwirtschaftszone hielten ihn ebenfalls für einen Kommunisten und hätten ihn ausgewiesen, wenn sie nicht gefürchtet hätten, dies würde für genau jene Aufmerksamkeit sorgen, um die der Mann so lange vergeblich gekämpft hatte.

Die übrigen Kandidaten Candys waren freilich mindestens genauso unglücklich, aber da die Nachfrage nun einmal auf seiner Seite war, ließ er sich bei der Wahl von der Hoffnung leiten, der ehemalige Journalist würde ihm unterwegs die Langeweile vertreiben. Außerdem fühlte er sich entfernt an den Wiedertäufer erinnert, nur daß dessen Zuversicht, was die Entfaltung der Menschlichkeit auf einem dritten Weg zwischen den Systemen betraf, bei seinem neuen Bekannten vom schwärzesten Pessimismus über alle Systeme ersetzt worden war.

Die anderen Bewerber beklagten die Ungerechtigkeit, die ihnen von Candy durch die Entscheidung für Thomas zugefügt wurde, und so büßte er seine Schuld mit dem Ausstellen weiterer Schecks, obwohl er sich bewußt war, daß Dr. Francis diese Verzerrung des Marktes niemals gutgeheißen hätte.

Kap. 20
Was Candy und Thomas auf dem Meer widerfuhr

Mit dem deutschen Ex-Journalisten schiffte sich Candy nach Hamburg ein. Sie hatten beide viel gesehen und viel gelitten und einander eine ganze Menge über das Elend der Welt zu erzählen. In einem Punkt freilich war Candy besser dran als Thomas: Er hoffte weiter auf ein Wiedersehen mit Condola, während Thomas der Liebe entsagt hatte. Außerdem besaß Candy noch einige Reiseschecks, und obwohl er die Fondsanteile in Hongkong verloren und die Gauner in Shenzhen vergeblich bestochen hatte, neigte er – besonders gegen Ende der Mahlzeiten –, wenn er von Condola schwärmte, und wenn er sich klarmachte, daß noch nicht alle Schecks aufgebraucht waren, wieder dem Optimismus zu.

»Und Sie, Herr Thomas«, wandte er sich an seinen Gefährten, »was halten Sie von alledem? Was denken Sie über das moralische und physische Leid?«

»Herr Candy«, antwortete Thomas, »mein Chefredakteur, die Behörden in Hongkong und die Parteifunktionäre in Shenzhen haben mich beschuldigt, Kommunist zu sein, tatsächlich bin ich aber Nihilist.«

»Sie wollen sich wohl über mich lustig machen«, sagte Candy. »Seit dem Aufbruch in die Neue Weltordnung hängt doch niemand mehr dem Nihilismus an.«

»Dann bin ich eben der einzige«, sagte Thomas.

»Sie müssen geradezu den Teufel im Leib haben«, meinte Candy.

»Nun, der mischt sich allerdings überall ein, und so gut wie sonst irgendwo könnte er auch in meinem Körper stecken. Offen gestanden, wenn ich einen Blick auf diese Erdkugel – besser gesagt: dieses Kügelchen – werfe, sehe ich überall Raffgier, Machtlust und Bosheit. Überall verfluchen die Armen die Reichen und die Schwachen die Mächtigen, und doch kriechen sie vor ihnen, statt sich zu nehmen, was ihnen nicht gegeben wird. Die Reichen und Mächtigen wiederum behandeln die Armen und Schwachen wie Gegenstände, wie Material, das man für seine Zwecke benutzt. Die Welt ist von Krisengebieten überzogen: In Balkanien und Balkanesien fielen Nachbarn übereinander her; in Ruanda wurden Hunderttausende niedergemetzelt, und die Völkergemeinschaft, was immer das sein soll, sah tatenlos zu; ganze Regionen Afrikas werden von Halbwüchsigen terrorisiert, uniformiert und bewaffnet von Kriegsherren, die ihre marodierenden Armeen mit Diamanten bezahlen, denen man nicht ansieht, wieviel Blut an ihnen klebt, wenn sie feine Damen schmücken.«

Candy war etwas pikiert, daß das Blitzen in den Öhrchen seiner Condola mit den Gräueltaten der Raubkrieger in Liberia, Angola, Kongo oder Sierra Leone in Verbindung gebracht wurde, aber er schwieg und ließ Thomas reden.

»Rußland versinkt in Armut und Korruption. In Indien schlagen Hindus und Moslems einander tot. In Prinzenland, das ihr

Amerikaner aus Menschenliebe befreit habt, werden die Menschenrechte mit Füßen getreten. Im Nahen Osten herrscht Unsicherheit und Gewalt: Die Israelis zerstören palästinensische Dörfer und liefern sich Gefechte mit Kindern, die mit Gummischleudern bewaffnet sind; währenddessen dressieren palästinensische Greise, die selbst ein langes Leben hatten, junge Männer und Frauen darauf, sich mit Dynamit zu gürten und in die Luft zu sprengen. In Mexiko erheben sich verzweifelt die Landlosen und marschieren in die Städte, um dort zusammengeschossen zu werden. Brasilien kann seine Kinder nicht ernähren und überläßt sie der Straße. Europa zieht einen Limes um seine Grenzen, den es Schengener Abkommen nennt, um sich die Immigranten aus armen Ländern vom Leib zu halten, so, wie es sich mit Zöllen die Importe aus armen Ländern vom Markt hält. Und selbst im reichen Amerika wohnen Leute in U-Bahn-Schächten und Pappkartons. Überhaupt herrscht in den Städten, die sich des Wohlstands und des Friedens zu erfreuen scheinen, bei vielen Sorge und Not und Angst vor der Zukunft. Kurzum: Ich habe vom Elend der Welt so viel erfahren, daß ich Nihilist geworden bin.«

»Trotzdem gibt es auch Gutes«, erwiderte Candy.

»Mag sein«, seufzte Thomas, »mir ist es jedoch nicht begegnet.« Mitten in dieser Unterhaltung hörten sie Schüsse, die rasch lauter wurden und immer näher zu kommen schienen. Sie blickten durch ihre Ferngläser und sahen, wie eine chinesisch beflaggte Hochseeyacht von einem Schnellboot verfolgt wurde. Auf dem Deck des Schnellbootes rannten maskierte Männer herum und schossen in die Luft. Die Yacht wurde gestoppt und von den Piraten geentert. Candy und Thomas sahen durch die Ferngläser, wie die Besatzung ohne viel Federlesens niedergemacht wurde.

Die Maskierten sprangen zurück in das Schnellboot und rasten davon, die Yacht begann zu brennen, explodierte und sank.

»Es ist ein Jammer«, sagte Thomas. »Ich habe schon gehört, daß es im südchinesischen Meer und zwischen den zahlreichen indonesischen Inseln häufig zu Überfällen durch Piraten kommt. Nun habe ich es auch gesehen. Wie gehen die Menschen nur miteinander um?«

»Sie haben recht«, sagte Candy, »es ist etwas Teuflisches daran.« Während sie nachdenklich die Köpfe wiegten, tauchte im Wasser ein lebloser Körper auf. Der Kapitän des Containerschiffs ordnete an, ein Boot hinunterzulassen und den Leichnam zu bergen. Es war der Parteifunktionär. In einem wasserdichten Brustbeutel trug er Candys Reiseschecks. Die Schecks wurden Candy samt Brustbeutel vom Kapitän überreicht. Im Brustbeutel befanden sich, unentdeckt vom Kapitän, auch etliche Diamanten, die Candy diskret an sich nahm, denn er wollte weder mit dem Kapitän handfest um die Edelsteine streiten noch mit Thomas philosophisch um das Blut, das an ihnen klebte. Stattdessen sagte Candy zu Thomas: »Sie sehen, manchmal wird das Verbrechen doch bestraft. Dieser Schuft von Parteifunktionär, der mich auf schnödeste Weise betrogen hat, hat kein anderes Schicksal verdient.«

»Mag schon sein«, gab Thomas zu. »Aber was ist mit der Besatzung? Welche ausgleichende Gerechtigkeit hat sie ums Leben gebracht?«

Inzwischen war das Schnellboot längst aus ihrem Gesichtskreis verschwunden, das Schiff nahm Fahrt auf, und Candy und Thomas setzten ihre Unterhaltung fort.

Ganze Tage und halbe Nächte diskutierten sie, und am Ende jeder dieser Diskussionen waren sie genausoweit wie am Anfang.

Immerhin vertrieben sie sich die Zeit, tauschten ihre Meinungen aus und trösteten sich gegenseitig. Manchmal klopfte Candy sanft auf die Brieftasche, die von den wiedergefundenen Schecks geschwellt war, und tastete verhohlen, aber zärtlich nach den Diamanten in seiner Tasche.

»Es wäre doch gelacht«, murmelte er, »wenn ich nicht auch Condola wiederfinden würde.«

Kap. 21

Candy und Thomas nähern sich der deutschen Küste und philosophieren

Endlich kam die deutsche Küste in Sicht, und Candy überlegte, ob es nicht besser gewesen wäre, eine Passage nach Marseille zu buchen statt nach Hamburg.

»Sind Sie schon einmal in Frankreich gewesen, Herr Thomas?« fragte Candy, der als wohlerzogener Amerikaner nur vage Vorstellungen von der Grande Nation hatte, wenn er auch wußte, daß in ferner Vergangenheit die Menschen eine Zeitlang geglaubt hatten, die Zukunft der Weltordnung werde französisch sein.

Thomas erzählte ihm: »Ich bin hin und wieder in Frankreich gewesen und spreche die Sprache immerhin so gut, daß sich die Franzosen zu Unterhaltungen mit mir herabließen. Sie sind in diesem Punkt recht heikel. Inzwischen haben sie sogar Gesetze gegen Amerikanismen in der Sprache und gegen Filme aus Hollywood erlassen. Sie können es einfach nicht ertragen, daß ihre große Zeit vorbei ist. Manche würden am liebsten die Freiheitsstatue zurückholen, die sie euch geschenkt haben.«

Candy war verblüfft. Er hätte es nicht im Traum für möglich gehalten, daß Miss Liberty ein Import aus dem alten Europa sein könnte. Er fragte Thomas: »Kennen Sie auch Paris?«

»Ja, ich war dort. Allerdings nur kurz. Eiffelturm, Louvre, Versailles, das Übliche. Aber das ist nicht Paris. Paris, das ist die Banlieue, die heruntergekommenen Vorstädte, in denen der ständige Kampf ums Nötigste die Menschen demoralisiert, und von denen manche behaupten, sie würden den Armutsghettos in euren Metropolen immer ähnlicher.«

»Was mich betrifft«, lenkte Candy ab, »ich habe gar kein Verlangen, Paris kennenzulernen. Ich habe Sehnsucht nach Condola und will nach Venedig, um dort auf sie zu warten. Möchten Sie nicht mitkommen? Wir machen einen Abstecher nach Berlin und fliegen von dort nach Venedig, das ist nur ein Gemsensprung über die Alpen.«

»Recht gern«, antwortete Thomas. »Ich habe zwar gehört, daß sich in Venedig nur reiche Touristen wirklich wohlfühlen, aber nun, Sie haben Geld, ich habe keines – also begleite ich Sie.«

»Ich jedenfalls freue mich auf Venedig. Stimmt es eigentlich, daß auch die Venezianer eine Zeitlang die Ordnung der Welt bestimmt haben?«

»Sie beherrschten eine Weile die Adria, auch damals nicht die Welt, aber doch sehr viel mehr als heute. Sie waren Händler und Räuber, seinerzeit gar nicht so leicht zu unterscheiden, und manchmal auch heute nicht. Sie haben die früheste Form dessen hervorgebracht, was nun die Welt beherrscht und von manchen als Kapitalismus, von anderen lieber als Marktwirtschaft bezeichnet wird. Geldwirtschaft, Bankwesen, doppelte Buchführung und rationale Organisation – alles Errungenschaften der italienischen Stadtrepubliken.«

Dann ist die Neue Weltordnung, dachte Candy, vielleicht doch Ende, Abschluß und Vollendung der Geschichte, wie Dr. Francis behauptet hatte, und er fragte Thomas: »Was meinen Sie, sind die Menschen zu allen Zeiten aufeinander losgegangen, und wird das auch in Zukunft so bleiben? Waren sie seit jeher gierig, gewalttätig und gemein, mißgünstig, hinterlistig, heuchlerisch, intrigant und dumm?«

»Glauben Sie«, stellte Thomas die Gegenfrage, »daß die Wölfe seit jeher die Schafe gefressen haben?«

»Aber natürlich«, mußte Candy einräumen.

»Na also«, sagte Thomas, »wenn seit jeher die Wölfe die Schafe fressen, warum sollten die Menschen aufhören, einander beherrschen zu wollen. Man könnte es auch gelehrter ausdrücken: Das Streben nach Macht ist universal.«

»Aber könnte das egoistische Handeln der einzelnen nicht doch eines Tages zum Wohle aller führen?«

So philosophierten sie miteinander, bis ihr Schiff in den Hamburger Containerhafen geschleppt war.

Kap.
22

Was Candy und Thomas in Hamburg und Berlin
erlebten

Während unter schrecklichem Getöse die Lastkräne begannen, die Container vom Frachtschiff zu heben, packten Candy und Thomas ihre Habseligkeiten und schickten sich an, das Schiff zu verlassen. Mit eingezogenen Köpfen und klopfenden Herzen rannten sie unter den schwebenden Stahlkisten hindurch zum Kapitän, um sich zu verabschieden.

»Sehen Sie bloß zu, daß Sie von Bord kommen«, raunzte der Kapitän. Candy wunderte sich über die plötzliche Unhöflichkeit dieses Mannes, der während der ganzen Reise freundlich und zuvorkommend gewesen war und sie Mahl um Mahl an seinen Tisch gebeten hatte, um ein wenig zu philosophieren. Sie hatten dabei viel über den Containerhandel erfahren und gelernt, daß fünfundneunzig Prozent des Welthandels in den genormten Schachteln abgewickelt wurden, und daß der Weg der Waren über die Meere nur ein Fünftel der Transportkosten ausmachte, während der mit Bahn und Lastwagen bewältigte Weg von den Häfen in die Läden mit vier Fünfteln zu Buche schlug.

Die unerwartete Barschheit des Kapitäns klärte sich bald auf, und Candy und Thomas begriffen, warum er seine Passagiere nicht schnell genug loswerden konnte, zumal einer von ihnen ein Journalist war, wenn auch ein gewesener: In einem der verplombten Container hatte man die Leichen von sechsundzwanzig Chinesen gefunden. Einige waren erstickt, die meisten verdurstet. Niemand hatte ihr Schreien gehört. Der Container war einer von viertausend, in der Mitte dieser gestapelten Pyramide wurde er zum Sarg. Ein einziger Mann hatte die grauenhafte Reise in die europäische Freiheit überlebt. Wie ein Toter lag er auf einer Bahre an Deck, atmete flach und starrte mit leeren Augen in den blauen Himmel.

»Was hätte wohl Dr. Francis über die armen Kerle gesagt, die inmitten einer gewaltigen Menge von Waren und Gütern von der unsichtbaren Hand so elend im Stich gelassen wurden«, fragte Candy traurig. Thomas aber legte die Stirn in Falten, wandte sich ab und schwieg.

Nach diesem schrecklichen Erlebnis wollte Candy die Hafenstadt so rasch wie möglich verlassen.

»Ich habe Sehnsucht nach Berlin«, sagte er, »wenn ich auch nicht recht weiß warum. Vielleicht liegt es an der schönen Zeit, die ich dort verbracht habe, als ich noch jung war, frisch desertiert und voll Zuversicht.«

Es gelang ihnen, die Diamanten in Geld zu verwandeln und das Geld in eine vielstellige schwarze Zahl auf dem Kontoauszug. Thomas schlug vor, den Großteil der Summe über eine Berliner Bank in Hamburger Schiffsanleihen anzulegen. Die Rendite sei über- und der Steuersatz unterdurchschnittlich, denn die Papiere würden vom Staat subventioniert. Candy war irritiert über die Kaltschnäuzigkeit des Philosophen, der die Containerchinesen schon vergessen zu haben schien, widersprach aber nicht.

In Berlin angekommen, ließ Candy es sich nicht nehmen, Zimmer im *Hotel Adlon* zu mieten, das vor einiger Zeit Unter den Linden am Brandenburger Tor eröffnet worden war. Allerdings konnte man durch die Fenster weder eine Linde noch das Tor sehen, denn obwohl die Zimmer teuer waren, gehörten sie zu den billigeren und gingen ein wenig nach hinten hinaus.

»Das liegt sicher am Verhältnis von Angebot und Nachfrage«, meinte Candy enttäuscht und erinnerte sich an das, was er von Dr. Francis gelernt hatte. Gleichwohl ließ er sich durch die Hinterstübchen im Grand Hotel die gute Laune nicht verderben. Schließlich verfügte er im Unterschied zu seinem letzten Aufenthalt in der Stadt über genug Mittel, um die leicht hysterische und von sich selbst beeindruckte Atmosphäre, die inzwischen hier herrschte, in vollen Zügen genießen zu können. Wie aufgepulvert lebensfroh alles war. Sogar der mißmutige Thomas konnte sich eines Lächelns nicht erwehren, wenn er beim Morgenkaffee die weltstädtische Beschreibung des dörflichen Treibens vom Vortag las. »Arm, aber sexy«, brummte er hinter der aufgeschlagenen Zeitung, und Candy fragte sich überrascht, woher Thomas wußte, wie man sich fühlt, wenn man zu reichen jungen Männern an einen Redwoodschen Grill tritt.

Doch waren das alte Geschichten. Nun hatte er Geld, Weltkenntnis und Lebenserfahrung und sah trotzdem noch leidlich gut aus. Auf lange Sicht schien Dr. Francis recht zu behalten, und alles kam wieder ins Lot, auch wenn Thomas meinte, auf lange Sicht wären sie beide tot, und bevor es dazu käme, täten sie besser, von den kleinen Zimmern im Grand Hotel in die etwas größere Wohnung eines Reporters zu ziehen, den Thomas noch von früher kannte. Der Reporter hatte sich auf Bürgerkriege spezialisiert, und da seine Berichte sehr aufrüttelnd und stark nachgefragt waren, trieb er sich viel in der Weltgeschichte herum, die trotz der Theorie von Dr. Francis einfach nicht enden wollte. Vielleicht hatte diesbezüglich der Wiedertäufer tatsächlich die größere Weitsicht bewiesen, dachte Candy wehmütig, und erinnerte sich an all die überstandenen Gefahren, von denen er sich nun eine Weile erholen wollte, bevor er seine Suche nach Condola fortsetzte.

Thomas spürte einen weiteren Bekannten von früher auf, der es, anders als er selbst, zu etwas gebracht hatte, wenn auch undurchsichtig blieb, zu was eigentlich. Vielleicht war Promini, wie er in scherzhafter Verkleinerung genannt wurde, nur deshalb prominent, weil er allen bekannt, und allen bekannt, weil er prominent war. Jedenfalls hatte er Zugang zu jedem Eröffnungsbuffet der Stadt und kam ohne weiteres zu Pressekarten bei sämtlichen Opern-, Konzert-, Schauspiel- und Literaturhäusern. Seine Meinung war gefragt, und weil er wußte, daß auch die Fragenden eine zu haben pflegten, hielt er sich beim Antworten stets an diese. So war er überall ein gerngesehener Gast und wurde von denen, die ihn einluden, um sich von ihm ihre Meinung sagen zu lassen, als gut orientierter Kopf gelobt. Keine Tür im Kulturbetrieb blieb Promini verschlossen, weder die in den Fluren der Senatsverwaltung noch die zu den Sekretariaten der Konzert-, Schauspiel- und Literaturhaus- sowie Opern-, Festspiel- und Filmfestspielintendanten, weder die Türen zu den Arbeitszimmern der Schriftsteller, deren Bücher er immer loben konnte, weil er sie nie las, noch die Türen zu den Schlafzimmern literarischer Salondamen, auf deren Betten bei hoffnungsvoll überfüllten

Partys die hereindrängenden Besucher ihre Mäntel ablegten, wenn auf den Garderobeständern kein Platz mehr war.

Promini kannte jeden, und jeder kannte Promini. Zu seinen Freunden, zu denen er alle zählte, denen er jemals die Hand geschüttelt hatte, gehörten vielversprechende junge Genies genauso wie alte Granden, die sämtliche Versprechen schon gehalten hatten. Sogar Nobelpreisträgern hatte er schon Auge um Auge gegenübergestanden, wie er zu scherzen pflegte, um seiner Bewunderungsarbeit ein wenig Nonchalance zu verleihen.

An der Seite dieses geschmeidigen Menschen erkundeten Candy und Thomas das politische und kulturelle Leben der Stadt. Sie lernten Professoren kennen, die Bücher zur Theorie der Gerechtigkeit schrieben und polnische Putzfrauen beschäftigten, die in der Stunde halb so viel kosteten wie hundert Gramm Parmaschinken im KaDeWe. Sie besuchten Podiumsdiskussionen über Migration, in denen Leute für unbeschränkte Einwanderung plädierten, die eine Asylantenunterkunft in der Nähe ihres Eigenheims zu verhindern gewußt hätten, denn dergleichen schafft Unruhe in der Nachbarschaft und senkt den Wert der Immobilie. Sie standen bei Demonstrationen am Straßenrand, bei denen die Ärzte, Rechtsanwälte, Steuerberater und Besserverdiener von morgen gegen die Erniedrigung und Beleidigung durch Studiengebühren protestierten, weil es recht und vor allem billig war, wenn die Ausbildung der Ärzte, Rechtsanwälte, Steuerberater und Besserverdiener aus den Steuergeldern der Müllmänner, Kassiererinnen, Friseusen und Niedriglöhner finanziert wurde.

Auch viel Spektakuläres, Schönes und Merkwürdiges erlebten sie. Sie sahen Mozart-Opern in U-Bahnhöfen, Schiller-Stücke in Schwimmhallen, Shakespeare-Tragödien in Bauruinen. Sie ließen sich erklären, warum die Ansammlung von fünfhundert nackten

Menschen aller Altersstufen als künstlerisches Ereignis zu gelten habe; speisten in Dunkelrestaurants; tranken in grell ausgeleuchteten Bars und nahmen an der Gala eines Sternekochs mit Fünf-Gänge-Menü zugunsten der Hungernden im Sudan teil, für die nicht einmal Promini eine Freikarte bekam, weshalb Candy ihn mit dem Kauf einer richtigen trösten mußte.

Dies lustige Hauptstadtleben wurde nur beschwert von der allgemeinen Sorge um das Weltklima, um das Aussterben der Bachunke und um die globale Übervölkerung. Während die Menschen in Deutschland immer älter und immer weniger wurden, wurden in den unterentwickelten Teilen der Welt die Menschen immer jünger und verantwortungsloserweise immer mehr. 1,2 Milliarden Chinesen, beinahe ebenso viele Inder, eine Milliarde Afrikaner! Wo sollte das hinführen? Schon bei der bloßen Vorstellung, daß all diese Menschen, verführt von Facebook und Fernsehen, womöglich unvernünftig genug waren, leben zu wollen wie Europäer, konnte einem so heiß werden, daß die Polkappen schmolzen.

Zum Glück waren die Menschen in den entwickelten Ländern vernünftiger. Je mehr sie konsumierten, desto ökologischer wurde ihr Bewußtsein. Der Müll wurde getrennt, der Zweitwagen mit Biodiesel betankt, das Dach mit Solarzellen gedeckt. Engagierte Vielflieger zahlten für jeden Flug freiwillig einen Extra-Euro, um ihre Klimabilanz durch die Anschaffung von Tretgeneratoren für indische Dörfer auszugleichen. Alte PC, alte Kleider, alte Brillen wurden gesammelt und in Containern zu den Hilfsbedürftigen der Welt gebracht, die auf dem Rückweg mit billigen, aber biologischen Früchten, billigen, aber biologischen Gewürzen und billigem, aber biologischem Tee beladen waren. So wurde das Leben immer nachhaltiger und das Lebensgefühl immer grüner.

Mit Turnschuhen und schlechtem Gewissen war man losgegangen, in feinen Lederschuhen kam man besten Gewissens an.

All dies beobachteten Candy und Thomas und nahmen, von Promini begleitet, freundlich daran teil.

Eines Tages fuhren sie mit einem denkmalgeschützt klappernden Paternoster die vielen Stockwerke im Hochhaus eines zu seinen Lebzeiten berüchtigten und nach seinem Tod berühmten Zeitungsmagnaten empor. Das Hochhaus stand an der ehemaligen Grenze zwischen dem ehemaligen Westberlin und der ehemaligen Hauptstadt der »DDR«, wie die Zeitungen des Magnaten lange das »Phänomen« zu nennen hatten. Im obersten Stockwerk, zu dem Candy, Thomas und Promini hinauffuhren, befand sich ein Presseclub, der über die ganze Etage reichte. Durch eine Fensterfront hatte der Magnat über den Ostteil der Stadt blicken können, durch die andere über den Westteil. Und ganz Berlin lag ihm zu Füßen.

Candy ließ sich von Promini das nahegelegene Haus der kleinen Tageszeitung zeigen, das den Namen eines Studentenführers trug, der in einer längst versunkenen Epoche niedergeschossen worden war, von einem Mann, den ein Revolverblatt des Magnaten aufgehetzt hatte.

»Das alles ist halb vergessen«, sagte Promini, »und absolut vorbei, auch wenn manche der Altgewordenen von 68 so wenig loskommen wie einst ihre Väter und Großväter von Stalingrad. Heute ist alles anders. Die Ideologie der Barrikaden ist verschwunden, sinnlos darüber nachzudenken, ob man vor oder hinter ihnen gestanden hätte. Es gibt Leute«, und Promini nickte mit dem Kopf zur Scheibe hinaus, »die da unten klein anfangen und in der großen Welt rauskommen. Wer sollte die Linie ziehen, auf deren einer Seite die Wahrheit ist und auf der anderen die

Lüge? Die Wahrheit ist überall. Sie liegt wie das Geld auf der Straße, ob sie nun nach Robert Koch oder Rudi Dutschke heißt, man kann sie aufheben und davontragen, wenn man das Naturell dazu hat und flexibel ist.«

Promini blickte zum Fenster hinaus und lächelte fein.

Der Grund für ihren Besuch des Presseclubs war eine Veranstaltung mit Politikern, die sowohl bei der Entspannungspolitik mitgewirkt hatten als auch bei der Beendigung des Kalten Krieges. Erst waren von der »DDR« die Anführungszeichen verschwunden, dann verschwand die ganze DDR. Die betagten Herren, die nun davon erzählten, wirkten so weise, bedeutend und alt wie auf einem Foto zum fünfzigsten Jahrestag des Mauerfalls.

Nachdem die bedeutenden Männer über ihren Erinnerungen an die Geschichte, die sie angefangen, aber nicht beendet hatten, müde geworden waren, strömte das Publikum aus Ost und West vereint und erleichtert ans Buffet und stellte sich in die Schlange. Jemand sagte »Es muß zusammen warten, was zusammen gehört.« Alle lachten, nur Candy wußte nicht, warum.

Am Buffet geriet er Arm an Arm neben eine Dame, die ihn fern an Condola erinnerte, an jene Condola aus längst historischen Tagen, die ihn am Ellbogen aus der Grillrunde bugsiert hatte. »Wir werden alle nicht jünger«, sinnierte Candy, »und wer weiß, ob ich sie überhaupt wiedererkennen würde, sollte ich ihr zufällig begegnen. Und je älter wir werden«, sinnierte er weiter, »desto länger werden die Ohrläppchen der Frauen, die wir lieben.« Ein wenig ungezogen starrte er der Dame von der Seite ins Gesicht. Sie trug keine Diamanten wie einst Condola, sondern Straß. Wenigstens klebte daran kein Blut.

Die Dame hielt eine Schale Erdbeeren in der einen Hand und nahm mit der anderen einen Löffel Schlagsahne aus einer gewaltigen Schüssel in Fischform, die neben einer ebenso gewaltigen Lachsplatte stand. Im letzten Moment begriff Candy und fiel der Dame in den Arm.

»Das ist doch Meerrettichsahne!«

»Oh«, sagte die Dame und blickte Candy mit weit aufgerissenen Augen an, »ich hätte meine Brille aufsetzen sollen. Wie kurzsichtig wir Frauen aus Eitelkeit sind.«

Candy, mit einem Mal ganz auf der Höhe seiner guten Erziehung, erkämpfte etwas Sahne ohne Meerrettich mit seinem Ellenbogen, führte die Dame an ihrem aus dem Gedränge und zog sich dann mit einer Verbeugung zurück, die Redwoodsche Eleganz und militärische Akkuratesse aufs Vorteilhafteste verband.

Später erfuhr er von Promini, daß die Dame Katalpa heiße, eine Villa im Grunewald mit Kunst im Garten besitze und seine Bekanntschaft zu machen wünsche.

»Das ist eine bewundernswerte Eroberung, mein Kompliment«, sagte Promini und lächelte noch dünner als beim Blick aus dem Fenster des Presseclubs, »sie ist recht neu in der Stadt und kennt kaum jemanden.«

Thomas äußerte den Verdacht, Promini sei eifersüchtig. Aber das konnte Candy nicht glauben. Im freien Wettbewerb mußte es nun einmal Sieger und Verlierer geben, und wer ein schlechter Verlierer war, würde auch ein schlechter Sieger sein, und für einen schlechten Sieger mochte er seinen Cicerone durch das kulturelle Leben der Hauptstadt nicht halten. Darin täuschte er sich. Frau Katalpa war tatsächlich erst vor kurzem von München nach Berlin übergesiedelt, doch eilte ihr der Ruf voraus, seriell monogam jüngere Männer unter ihre Fittiche zu nehmen, um etwas aus ihnen zu machen, wenn sie sich im Gegenzug etwas aus ihr machten. Wenn die jüngeren Männer ein wenig älter und ein wenig selbständiger geworden waren, entliefen sie regelmäßig den Fittichen, und die Katalpa suchte ebenso regelmäßig einen neuen Protegé.

In diese Regelmäßigkeit hatte Promini gewisse Hoffnungen gesetzt, um die er sich nun von Candy betrogen sah. Bis die Katalpa etwas aus Candy gemacht und Candy es zu etwas gebracht haben würde, wäre er selbst, fürchtete Promini, definitiv zu alt, um noch an die Reihe zu kommen. Außerdem war diesem Narren zuzutrauen, aus lauter Treu und Redlichkeit an Frau Katalpas Busen zu bleiben, selbst wenn er ihrer Protektion entwachsen war.

Von all diesen Hoffnungen und Befürchtungen ahnte Candy nichts, denn die Triebfeder in Prominis Seele war so unsichtbar wie die Hand im Kopf von Dr. Francis.

Die Einladung Frau Katalpas ließ nicht lange auf sich warten und galt ausdrücklich für ihn allein. Candy hätte es vorgezogen, sich von Thomas begleiten zu lassen, aber es war nun einmal nicht anders zu machen. Und wieso fürchtete er sich überhaupt vor dieser Frau? Hatte er nicht den mesopotamischen Schurken besiegt, wenn auch nicht allein? Hatte er nicht Cash Flow und Bumbum niedergestreckt? Hatte er nicht Korrupinsky – widersprochen? »Oh, Condola, bist du immer noch in der Hand des russischen Halunken?« Da diese Frage bei derzeitiger Marktlage nicht zu beantworten war, stellte er eine andere: »Wie wird es mir wohl bei der Katalpa ergehen?«

Er wurde freundlich empfangen. Nach einem Aperitif in der Bibliothek bat Frau Katalpa zu Tisch. Eine amerikanische Küche solcher Größenordnung hatte er zuletzt bei den Redwoods gesehen. Der Herd aus Edelstahl stand frei wie ein Altar und hätte eine Kantine versorgen können, wäre er dafür nicht zu schade gewesen. Am Tisch standen zehn Stühle auf jeder Seite, und nur an zwei Plätzen war gedeckt. Auf einem Porzellanteller lag ein riesiger Berg Erdbeeren, daneben ruhte eine Schale mit Sahne auf einem Eisbett. Das wird der Nachtisch sein, dachte Candy. Aber er irrte sich. Es sei denn, ein Nachtisch, dem nichts vorhergeht, verdient dennoch seinen Namen. Es gab nur Champagner, Erdbeeren und Schlagsahne.

»Ich bin auf Diät«, sagte Frau Katalpa, und nahm wenig von den Früchten und nichts von der Sahne. Candy versuchte, sich an den Erdbeeren satt zu essen, und erinnerte sich an den hungrigen, wenngleich geistig über die Maßen sättigenden Abend, den er einst im Haus des Wiedertäufers erlebt hatte.

Nachdem Candy die Champagnerflasche fast allein geleert hatte – »ich bin auf Diät« hatte Frau Katalpa jedesmal wiederholt, wenn sie ihm einschenkte –, kam es zu einem Gespräch, das sie ein wenig wie ein Verhör führte. Dabei war es gar nicht nötig, Candy zum Reden zu bringen, lag ihm doch Condolas Name stets auf der Zunge.

»Sie hängen also noch immer an dieser Amerikanerin, einer gewissen Miß Redwood, wie ich von Ihrem Freund Promini erfahren habe.«

»Oh ja, allerdings, sie ist, nun ja, ich weiß nicht, wir hatten eine schöne gemeinsame Zeit.«

»Und Sie träumen von einer schönen, gemeinsamen Zukunft?«

»Wenn alles mit rechten Dingen zugeht, wird auf lange Sicht alles gut. Ich habe die Lehren von Dr. Francis immer beherzigt.«

»Von wem?«

»Dr. Francis, der Philosoph von Redwood, der Condolas Vater Berater und Condola selbst ein Lehrer war. Und, ganz offen, Franziska, der Sekretärin von Condolas Vater, ein Liebhaber.«

Frau Katalpa zog die Brauen hoch.

»Leider ist er unter tragischen Umständen ums Leben gekommen. Mit meinen eigenen Augen habe ich ihn hängen sehen, und Condola sah es durch ein Fernglas, damals, als sie bei Bumbum und Cash Flow lebte und noch nicht diesem Korrupinsky in die Hände gefallen war. Ach, wie viel könnte ich Ihnen von ihr erzählen, wenn der Abend länger wäre und das Leben nicht so kurz.«

Dabei hatte der Abend gerade erst angefangen, und so kurz war das Leben auch wieder nicht. Aber die Katalpa erkannte, daß sie mit Candy nicht ihren Absichten entsprechend verfahren konnte. Entweder war dieser Mann ein Tölpel, der überhaupt nichts, oder ein Schuft, der alles genau begriff. Beides ergrimmte sie. Spürt er denn nicht, wie unverschämt er ist, wenn er mir dauernd mit dieser Condola kommt? grollte sie und setzte im Zorn sogar ihre Lesebrille auf, die sie plötzlich irgendwo hervorgezogen hatte. Sie kam sich auf einmal furchtbar alt vor und komplimentierte Candy ohne weitere Umstände hinaus.

Nach diesem Abend fühlte sich Frau Katalpa doch lieber zu Promini hingezogen, der daraufhin den Kontakt zu Candy abbrach und überall erzählte, Candy habe sich mit Frau Katalpas Champagner betrunken und sich dann auf sie gestürzt, jedenfalls beinahe. So begann die Wahrheit die Runde zu machen, wenn auch in verdrehter Form, und Candy fühlte, wie sich erst Kälte um ihn ausbreitete, dann Leere. Niemand lud ihn mehr ein.

»Es geschieht uns ganz recht«, sagte er zu Thomas, »wir haben viel zu viel Zeit hier vertrödelt. Auf nach Venedig!«

Kap. 23
Was Candy und Thomas am Flughafen sahen

»Oh, Dr. Francis, armer Dr. Francis, oh, Thomas, was ist das bloß für eine Welt«, klagte Candy, als sie in der Flughafenhalle in einen Tumult gerieten. Aufgeregte Menschen versuchten, ein Transparent zu entrollen; aufgeregte Polizisten versuchten, das Entrollen des Transparents zu verhindern; aufgeregte Passanten ergriffen entweder für die einen Partei oder für die anderen. Und im ruhigen Auge des Sturms standen verloren zwei dunkelhäutige junge Männer in Handschellen und blickten einander ratlos an.

»Sie ist verrückt und grausam«, antwortete Thomas so gelassen, als hätte er gesagt, das Wetter sei schlecht.

Die aufgeregten Menschen mit dem Transparent wurden von den aufgeregten Polizisten unter Anteilnahme der aufgeregten Passanten aus der Haupthalle hinausgedrängt, und die beiden jungen Männer in Handschellen von zwei Zivilbeamten mit Sonnenbrillen in die Mitte genommen und abgeführt. Candy sah zu und wunderte sich. Thomas sah auch zu und wunderte sich nicht, denn das war er seiner stoischen Haltung schuldig.

Draußen bildeten die Polizisten eine Sperrkette, um das Wiedereindringen der Demonstranten in den Flughafen zu verhindern, ließen sie aber nun gewähren und ihr Transparent entrollen. Als die Wahrheit auf einem zwischen zwei Besenstielen gespannten blutroten Tuch zum Vorschein kam, konnte Candy lesen: »No deportation class!« und darunter »Asylrecht statt Abschiebung«. Den beiden jungen Männern in Handschellen mochte es geglückt sein, irgendwie nach Deutschland zu gelangen, ohne umzukommen wie die armen Chinesen in ihrem Container, vielleicht waren sie mit einem Boot von der tunesischen Küste auf die schöne Insel Lampedusa übergesetzt und hatten sich dann den Stiefel hinauf und über die Alpen bis nach Deutschland retten können; vielleicht hatten ihre Familien unter Einbeziehung sämtlicher Onkel und Tanten so lange gespart, bis ihnen ein Touristenvisum beschafft und ein Flug bezahlt werden konnte; vielleicht waren sie von wer weiß wie vielen Schleppern durch wer weiß wie viele Länder in das europäische Wohlstandsgebiet geschafft worden, das sich *Schengenraum* nannte, aber kein Schonraum war, und deshalb alles daran setzte, die Mauer, die man aus Beton und Stacheldraht nicht bauen konnte, wenigstens aus Gesetzen, administrativen Bestimmungen und polizeilichen Maßnahmen zu errichten.

In diesen Gesetzen und administrativen Bestimmungen hatten sich die beiden jungen Männer verfangen und wurden nun jener polizeilichen Maßnahme zugeführt, die von den Demonstranten als »Deportation« bezeichnet wurde, und die darin bestand, daß man die beiden im Flugzeug an die Sitze fesselte und in ihre Herkunftsländer flog – wo immer diese Länder auch liegen mochten.

Wie sollte man Leute aus dem Niger von Leuten aus Nigeria unterscheiden, oder Leute aus Somalia von solchen aus der Elfenbeinküste oder aus Sierra Leone oder aus Angola oder aus dem Kongo oder aus irgendeinem anderen Land im Herzen der Finsternis, wenn die einen wie die anderen gleich nach der Ankunft in Deutschland ihre Pässe verschwinden ließen?

Die Welt war ein Dorf, gewiß, und Waren kamen von überall. Doch wo sollte man mit all den Menschen hin, die das Satellitenfernsehen und die Hoffnung über die Meere nach Europa zog? Und nicht nur über die Meere. Russische Männer und russische Mädchen wanderten in die Ukraine, ukrainische Männer und Mädchen nach Polen, polnische Männer und Mädchen nach Deutschland, Frankreich und England. Mochte Eldorado für Candy und Kakao in Hongkong gelegen haben, für diese Menschen lag es im Nordwesten Europas. In Deutschland, Frankreich und England fürchtete man sich vor den Polen, in Polen vor den Ukrainern, in der Ukraine vor den Russen. Die Angst ging den umgekehrten Weg der Sehnsucht. Und überall suchte die Angst der Sehnsucht den Weg zu verlegen. Und nirgends machte die Demütigung halt vor der Menschlichkeit.

Auf einem der Flugblätter, die beim Hinausdrängen der Demonstranten zu Boden gefallen waren und das Candy nach dem Abebben des Tumults aufhob, las er von »Phallometrischen Tests« in Tschechien. Die Behörden legten Asylbewerbern, die behaupteten, als Homosexuelle in ihren Heimatländern verfolgt zu werden, Meßgeräte ans Glied und führten heterosexuelle Pornofilme vor. So wurde die Erektionsbereitschaft der Asylsuchenden mit der Exilbereitschaft des Asyllandes abgeglichen.

»Ob diese Geschichte zu glauben ist?« fragte Candy und reichte Thomas das Flugblatt. Thomas überflog den Text.

»Es ist nicht erfunden«, sagte er, ohne eine Miene zu verziehen, »die EU hat das Prozedere gerügt.«

»Dann kommen auf lange Sicht die Dinge vielleicht doch in Ordnung, ganz wie Dr. Francis gesagt hat.«

Candy und Thomas stellten sich in die Schlange vor dem Abfertigungsschalter, der eine noch immer bedrückt, der andere stoisch wie eh und je.

Der Flug über die Alpen verlief ohne Turbulenzen. Über ihnen strahlte blau des Himmels Ewigkeit, unter ihnen weiß der Schnee auf den Gipfeln der Berge. Und als nach der Landung die beiden Reisenden im Vaporetto über die Lagune sausten, daß der Schaum nur so spritzte, warf Candy übermütig die Arme in die Luft und rief: »Alles wird sich finden, auch Condola. Auf Kakao kann ich mich verlassen wie auf mich selbst. Die unsichtbare Hand wird ein übriges tun, alles zu richten.«

Kap.
24
Von Franziska und Attaché Soufflé

Kaum in Venedig angekommen, machte sich Candy auf die Suche nach Kakao. Er erkundigte sich in den Büros der Fluggesellschaften, an Hotelrezeptionen, in Bars und Bordellen. Doch Kakao war nirgends zu finden.

»Mein Gott«, sagte Candy zu Thomas, »ich bin von Shenzhen in einem Containerschiff nach Hamburg gefahren, und von Hamburg nach Berlin. Ich habe vom obersten Stock eines Hochhauses auf die Stadt hinuntergesehen, in der die Geschichte zu Ende gegangen ist, bevor sie wieder richtig losging; ich habe Bekanntschaft mit Promini gemacht, bei der Katalpa verkehrt und dabei gelernt, daß es verkehrt war, nicht auch mit ihr zu verkehren. Viel Zeit ist vergangen, bis wir endlich über die Lagune zum Ziel unserer Wünsche fuhren. Jetzt sind wir schon eine ganze Weile in Venedig und haben von Condola immer noch keine Spur. Bestimmt ist sie tot – wie soll ich dann weiterleben? Ach, wäre ich bloß in Hongkong geblieben! Sie haben recht, mein lieber Thomas, das Leben besteht aus enttäuschten Hoffnungen und vergeblichen Erwartungen. Nirgends ein Sinn, überall kein Zweck.«

Candys Gemüt verfinsterte sich, Schwermut bedrückte sein Herz. Er konnte sich kaum überwinden, das Hotelzimmer zu verlassen, geschweige denn die Oper zu besuchen oder an den Lustbarkeiten des Karnevals teilzunehmen. Die Kostüme machten ihn nur noch melancholischer. Die Gondolieri mit ihrem Gesang, der noch dazu meistens nicht von ihnen kam, sondern aus Lautsprechern, gingen ihm auf die Nerven. Die Touristenströme in den Gassen deprimierten ihn. Und als er bei einem seiner seltenen Spaziergänge auf der Rialtobrücke die Buden mit venezianischen Masken *made in China* sah und auf dem Lido schwarzhäutige Männer, die mit Stirnbändern auf die Köpfe geschnallte bunte Schirmchen trugen und diese Ware den Fremden anpriesen, zog er sich düster ins Hotelzimmer zurück und sprach kein Wort mehr. Nur hin und wieder entrang sich seiner Brust ein Seufzer, der selbst jene gerührt hätte, die einst an schlimmen Tagen über die berühmte Brücke hatten gehen müssen. Inzwischen war von dieser Brücke kaum noch etwas zu sehen. Sie verschwand wie die Prokuratien am Markusplatz hinter riesigen Reklameplakaten. Auf einem dieser Billboards war das zehnfach überlebensgroße Gesicht einer jungen Frau mit ungeheuren Brillanten in den zehnfach überlebensgroßen Öhrchen zu sehen. Mit verzehnfachter Niedergeschlagenheit schlich Candy über den Markusplatz und trat nach den Tauben.

»Sie sind aber auch naiv«, tadelte Thomas, der nicht philosophisch genug war, die unphilosophische Haltung Candys länger mit anzusehen, jedenfalls nicht ohne Kommentar. »Wie konnten Sie sich einbilden, daß dieser Kakao mit Ihrer Kohle Ihrer Condola durch die halbe Welt nachreist, bloß um sie nach Venedig zu bringen und in Ihre Arme zu legen? Falls er sie gefunden hat, wird er sie für sich behalten haben; und falls er sie nicht gefunden hat, wird er sich mit Ihrem Geld bei einer anderen amüsieren. Ich kann Ihnen nur raten, Kakao und Condola zu vergessen.«

Candy hielt das für einen wenig aufmunternden Vorschlag. Seine Stimmung hätte sich weiter verdüstert, wäre das noch möglich gewesen. Doch Thomas ließ nicht ab, ihm mit der Überlegenheit des Nihilisten auseinanderzusetzen, daß die Erde ein Jammertal war, der Himmel ein Ammenmärchen, und die Hoffnung, am Ende werde sich alles zum Guten fügen, nichts weiter als die Spitzfindigkeit eines Theoretikers, der seine Theorie praktisch am Strang gebüßt hatte. »Vielleicht«, fügte er hinzu, »wäre es in Hongkong wirklich besser gewesen. Aber das kann niemand wissen. Machen wir es wie die Venezianer, *viviamo cosí*, so leben wir eben, was soll man machen.«

Eines Tages, der Karneval war zum Glück vorüber, und die Tage der Asche paßten besser zu Candys Stimmung, begegneten sie auf dem Markusplatz einem jungen, geckenhaft gekleideten Mann mit einer Dame im Arm. Der Mann sah gutgenährt aus, hatte dicke Backen, feiste Hände und unter der elegant geschnittenen Weste einen Wanst, stramm wie ein Ball. Seine Augen leuchteten, seine Nase glänzte, sein Schritt federte vor Energie, gespeist von der Einsicht: Wohin auch immer ein Mensch geht, er ist stets unterwegs zur nächsten Mahlzeit. Die Dame mußte einmal sehr hübsch gewesen sein und wirkte immer noch reizend. Sie trug das Näschen hoch, schaute vornehm drein und blickte ihrem Galan hin und wieder verliebt ins Gesicht.

»Die beiden da sind happy«, meinte Candy zu Thomas, »das werden Sie kaum bestreiten können. Bisher habe ich überall nur

Elende, Sorgenvolle und Bekümmerte gesehen. Aber ich wette, diese zwei sind zufrieden.«

»Ich halte dagegen«, erwiderte Thomas ohne Zögern.

»Nun, ich will sie zum Essen einladen, dann werden wir sehen. Er sieht mir nicht danach aus, als könnte er einem Menü widerstehen, und auch sie wird sich den Genuß nicht entgehen lassen.«

Candy trat auf das Paar zu, grüßte mit freundlichen Worten und bat es ohne weitere Umstände zum Abendessen ins Hotel. Die Dame sah Candy seltsam an, während ihr stattlicher Begleiter die Einladung mit einer überraschend wendigen kleinen Verbeugung annahm.

Kaum waren Candy und Thomas ins Hotel zurückgekehrt, klopfte es an der Zimmertür. Als Candy öffnete, stand die Dame vor ihm, nun ohne ihren fülligen Begleiter und mit Tränen in den Augen.

»Erkennen Sie denn Franziska nicht wieder?« schluchzte sie, und Candy, der immerzu an Condola dachte, selbst wenn es wie bei der Katalpa ratsam gewesen wäre, davon eine situative Ausnahme zu machen, erinnerte sich fassungslos an das junge Mädchen, das einst Mr. Redwoods Sekretärin und die Geliebte von Dr. Francis gewesen war. Da er vor lauter Schreck vergaß, die Dame hereinzubitten, trat sie unaufgefordert ins Zimmer, ließ sich in einen Sessel fallen, griff nach einem leeren Glas auf dem Servierwagen, hielt es Thomas unter die Nase und sagte: »Scotch!«

Nachdem Thomas eingeschenkt und sie einen erstaunlich nachhaltigen Schluck genommen hatte, begann sie ihre Geschichte: »Ich wußte nur wenig über das, was damals bei den Redwoods im Hintergrund ablief, doch bedauere ich sehr, was nach dem Auffliegen dieser Geschäfte geschah, vor allem die Art und Weise, wie man mit Condola umgegangen ist. Aber auch mein Schicksal, glauben Sie mir, war hart genug. Der Sturz der Redwoods zog mich mit in die Tiefe. Ich hatte meine Ersparnisse und mich mit Dr. Francis vereinigt, und Dr. Francis legte das Geld in Redwoodschen Finanzwerten an. Im Durcheinander des Zusammenbruchs von Mr. Redwoods Firma und Vermögen gingen mir Geld und Geliebter verloren. Ich versuchte, mich durchzuschlagen, so gut es ging, doch niemand aus den besseren Kreisen, zu denen vor der schlimmen Sache auch die Redwoods gehört hatten, wollte seiner ehemaligen Sekretärin mit einem Job unter die Arme greifen. Die Jobs, wenn ich überhaupt welche bekam, wurden immer schlechter und immer schlechter bezahlt, und schließlich mußte ich für die Hälfte dessen, was ich sonst hätte verlangen können, bei einer Zeitarbeitsfirma anheuern, die mich auslieh wie einen Mietwagen: für ein paar Tage, für ein paar Wochen, selten für mehr als zwei, drei Monate. Ich wurde angeheuert wie eine Hure, und hatte noch demütig und dankbar zu sein. Eines Tages machte mir ein Steuerberater, an den ich als Schwangerschaftsvertretung für eine seiner Schreibkräfte vermietet worden war, eine Liebeserklärung. Er war verheiratet, wollte sich jedoch aus wirtschaftlichen Gründen, wie er mir anvertraute, nicht scheiden lassen. Seine Frau hatte nie gearbeitet, sondern bloß nebenher, so drückte er sich aus, bloß nebenher die Kinder großgezogen. Bei einer Scheidung habe er mit hohen Unterhaltsforderungen zu rechnen. Verlassene Ehefrauen können grausam sein wie Hyänen und gierig wie Heuschrecken. Das waren seine Worte. Ich kümmerte mich weiter nicht darum und willigte ein, seine Geliebte zu werden. Nachdem ich im Vertrauen auf unsere Liebschaft und in der Hoffnung auf eine gutbezahlte Festanstellung in seinem Büro bei der Zeitarbeitsfirma gekündigt hatte, ließ er mich wissen, daß er die Verknüpfung seiner emotionalen mit meiner ökonomischen Abhängigkeit weder seinem Gefühl noch seinem Geld zumuten wolle und warf mich hinaus. Hatte ich zu Beginn unserer Affäre geglaubt, mich durch sie besser zu stellen, mußte ich einsehen, daß ich nach ihrem Ende schlechter dastand als jemals zuvor.«

Thomas warf Candy einen bedeutsamen Blick zu, doch bevor er etwas sagen konnte, fuhr Franziska mit ihrer Geschichte fort.

»Ich war kurz davor, zur *working poor* abzusteigen mit der Aussicht, ohne Krankenversicherung von einer Putzstelle zur nächsten zu hetzen und mit drei dieser Stellen nicht die Hälfte von dem zu verdienen, was ich bei der Zeitarbeitsfirma verdient hatte, von der ich doch schon schlecht genug bezahlt worden war. Ein Zufall führte mich in ein Reisebüro, das eine Reinigungskraft suchte und dessen Inhaber während des Vorstellungsgesprächs zu der zweideutigen Auffassung gelangte, ich sei überqualifiziert. Ob ich nicht für die gleiche Entlohnung lieber die anfallenden Büroarbeiten erledigen wollte, unter anderem, wie er hinzufügte. Das Reisebüro war klein, und sein Inhaber noch kleiner. Ich nahm die Stelle an und zog mich hin und wieder aus. Das Ausziehen fand stets im Büro statt und stets mit Blick auf den Dogenpalast, das heißt natürlich: auf ein Plakat davon. Die Amerikaner lieben Venedig, fast so sehr wie die Japaner und neuerdings die Chinesen, sie lieben es ganz schrecklich, auch wenn sie es selbstverständlich ablehnen würden, in einer Stadt zu leben, in der es statt Straßen Kanäle und statt Autos diese Gondeln gibt, die zwar im Urlaub romantisch, aber den Rest des Jahres reichlich unbequem sind. Obwohl mein kleiner Chef unverheiratet war, gelangte ich nie in sein Schlafzimmer, sondern rollte mir die Strümpfe stets vor dem Dogenpalast von den Beinen. Als ich einmal fragte, ob wir nicht zu ihm nach Hause gegen könnten, wies er mich erschrocken zurecht. Die Nachbarn würden womöglich denken, er hätte mich gekauft. Eines Tages fragte mich ein älterer Kunde unverblümt, ob ich nicht Lust hätte, ihn auf eine Flugreise nach Prag zu begleiten. Ich überlegte nicht lange. Die Amerikaner lieben Prag, fast so sehr wie die Japaner und neuerdings die Chinesen. Mit einem anderen älteren Kunden flog ich nach Madrid, mit einem weiteren nach London. Mein kleiner Chef wurde immer eifersüchtiger, und auch wenn er wegen des Ausziehens mit Blick auf den Dogenpalast an der Bürowand den offenen Konflikt nicht wagte und mein Gehalt erhöhte, ließ er sich doch zu Schikanen hinreißen. Als ich bei einer Reise nach Paris den fetten Soufflé kennenlernte, frisch ernannter Kulturattaché beim französischen Konsulat in Venedig, faßte ich den Entschluß, mich künftig nur noch mit Blick auf den wirklichen Dogenpalast auszuziehen. Da bin ich nun: Von einer jungen vielversprechenden Frau mit gutem Job und erspartem Geld heruntergekommen zu einer mittelalten Hosteß, um noch das höflichste Wort zu gebrauchen, ohne jeden eigenen Pfennig. Einst habe ich für einen reichen Amerikaner gearbeitet, jetzt bin ich diesem überfressenen Franzosen ausgeliefert.«

Nachdem Franziska ihr Herz ausgeschüttet hatte, goß ihr Thomas noch einen Scotch ein. »Sie sehen«, wandte er sich an Candy, »eine Hälfte unserer Wette habe ich schon gewonnen.«

Candy sagte zu Franziska: »Aber Sie wirkten so vergnügt vorhin auf dem Markusplatz im Arm Ihres – zugegeben, nicht ganz schlanken – Attachés. Sie haben ihn verliebt angesehen und ein Liedchen gesummt.«

»Das gehört nun einmal dazu, wenn man – gleich unter welcher Berufsbezeichnung – mit zahlenden Herren reist. Da heißt es, gute Miene machen, auch wenn man schlechte Laune und böse Gefühle hat. Im Grunde ist es kein großer Unterschied, ob man sich mit Blick auf ein Foto des Dogenpalastes auszieht oder mit Blick auf den Dogenpalast in Wirklichkeit, wenn das Ausziehen ohne Lust, Liebe und Leidenschaft geschieht.«

Candy gab zu, daß Thomas die Hälfte der Wette gewonnen hatte, und da es Abend geworden war, begaben sie sich hinunter ins Restaurant, um zu speisen. Der übers ganze Gesicht glänzende Attaché Soufflé saß schon am Tisch, die Speisekarte in den pummeligen Händen, die aussahen wie die eines großen, eines sehr, sehr großen kleinen Kindes.

Das Essen verlief angenehm. Attaché Soufflé goutierte jeden Gang des Menüs einschließlich der begleitenden Weine mit viel Sachkunde und großem Appetit, dem die Designer-Portionen auf den Tellern nicht immer gerecht wurden. Auch den übrigen schmeckte es, und nach Dessert und Kaffee, zu dem Soufflé sich einen Keks extra bringen ließ, fragte Candy seinen Gast: »Mir scheint, Sie verstehen es, das Leben in vollen Zügen zu genießen. Jedermann wird Sie um diese glückliche Gabe beneiden. Und Ihr Beruf als Kulturattaché bietet gewiß genug Gelegenheit, die leiblichen Genüsse durch geistige zu vervollständigen.«

»Ach woher denn«, raunzte der Attaché und trocknete mit der Serviette in der Faust seine ins Schwitzen geratene Stirn, als wäre er ein Bauarbeiter, der gerade eine Schaufel, und nicht ein Attaché, der gerade eine Gabel beiseite gelegt hat.

»Kultur, Geist und sämtliche Gespenster können mir gestohlen bleiben. Der Posten in Venedig war eine Notlösung. Ich bin so gut der Sohn meiner Eltern wie mein vermaledeiter Bruder und habe nicht schlechter an der ENA studiert als er. Trotzdem war er es, der durch den Einfluß unserer Familie zu einem Protegé des

Außenministers wurde, mit der Chance, eines Tages selbst Außenminister zu werden, während für mich nur dieser erbärmliche Posten im Diplomatischen Dienst übrigblieb. Den Schädel könnte ich mir einrennen an der Wand meines Büros. Und vielen der in die Konsulate, Botschaften und Kulturinstitute abgeschobenen Söhne einflußreicher Familien geht es ebenso.«

Nach diesem unerwarteten Ausbruch wandte sich Thomas an Candy und sagte mit der nihilistischen Unerschütterlichkeit, die seinem unerschütterlichen Nihilismus so gut zu Gesicht stand: »Nun, so habe ich also die ganze Wette gewonnen.«

Candy stellte Franziska eine finanzielle Unterstützung in Aussicht, unabhängig davon, wie sie künftig mit den Aussichten auf den Dogenpalast, seien sie fotografisch oder wirklich, zu verfahren gedenke. Attaché Soufflé gegenüber verbot sich eine derartige Unterstützung, denn wenn er auch wenig Hoffnung hatte, es politisch zum gemachten Mann zu bringen, war er finanziell doch ein fertiger Herr.

Obwohl Candy sich bei der Wette geschlagen geben mußte, hatte die Begegnung mit Franziska und Attaché Soufflé der Sonnenfinsternis seines Gemüts ein Ende gemacht.

»Mag kommen, was will«, sagte er bei einem der nun häufiger unternommenen Ausflüge in die Stadt, »immerhin ist es tröstlich, daß man in unserer globalisierten Welt manchmal Menschen wiedertrifft, die man für alle Zeit verloren glaubte. Genausogut, wie ich seinerzeit die Reiseschecks im Brustbeutel des ertrunkenen Chinesen und nun die gute Franziska wiedergefunden habe, könnte ich auch Condola wiederfinden.«

»Ich wünschte, es würde so kommen – und Sie würden es, wenn es so gekommen wäre, immer noch wünschen.«

»Sie sehen immer bloß schwarz«, rief Candy.

»Ja«, antwortete Thomas, »denn ich kenne das Leben und halte die Augen offen.«

»Dann schauen Sie doch, wie lustig die Gondolieri aussehen mit den Hüten und Stangen; wie fröhlich die Touristen sind, die in ihrem wohlverdienten Urlaub die Schönheit dieser herrlichen Stadt genießen; wie eifrig die Maskenverkäufer um Kundschaft werben; wie selbst die Tauben auf dem Markusplatz vor Vergnügen gurren.«

Gestern hat er noch nach ihnen getreten, dachte Thomas, doch sprach er es aus Mitleid mit der närrischen Fröhlichkeit seines Gefährten nicht aus und bemerkte nur: »Dabei ist der Karneval vorüber.«

Candy zog verständnislos die Brauen hoch und wechselte das Thema: »Man hört in letzter Zeit viel von einem Senator Berlusco. Er bewohnt einen großartigen, nagelneu erbauten Renaissance-Palast, gibt freizügige Partys, besitzt einen eigenen Fernsehsender, einen eigenen Fußballclub und eine eigene Partei. Das einfache Volk bewundert ihn und möchte sein wie er. Es heißt, er sei ein Mann ohne Sorgen, obwohl es Richter gebe, die ihm welche zu machen suchen.«

»Es muß sich um einen außergewöhnlichen Menschen handeln«, sagte Thomas, »den kennenzulernen sich lohnen würde.«

Candy fiel es in seinem neuen Schwung nicht schwer, sich über den Attaché eine Einladung zu verschaffen.

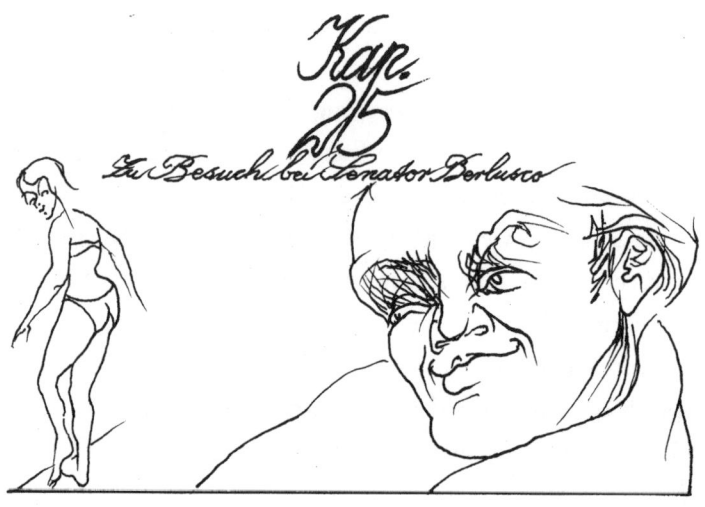

Kap. 25
Zu Besuch bei Senator Berlusco

Kaum hatten Candy und Thomas den Palast betreten, eilten ihnen zwei dunkelbraune, verführerisch knapp bekleidete Mädchen entgegen. Candy sah sich nur wegen Condola außerstande, und Thomas wegen seines Nihilismus. Sonst hätte die Begrüßung ins reinste Bonga-Bonga ausarten können.

Der Hausherr empfing sie am Swimmingpool, im Seidenmantel, ein marokkanisches Mädchen auf dem Schoß. Endlich ein glücklicher Mensch, freute sich Candy bei diesem Anblick. Doch nachdem das Mädchen aufgesprungen war und einen Klaps auf den Po empfangen hatte, warf sie ihm in einem unbeobachteten Moment einen Blick zu, den Candy für den eines Spitzbuben gehalten hätte, wäre er nicht aus Mädchenaugen gekommen. Die Schöne zupfte am Bikinihöschen, falls man den roten Faden zwischen ihren Hinterbacken in maßloser Übertreibung so nennen wollte, trippelte an den Rand des Pools, machte einen graziösen Sprung ins Wasser und schwamm davon, ruhig wie ein Krokodil auf Jagd.

Als hätte der Senator den Gedanken Candys erraten, seufzte er: »Sie ist ein Krokodil, glauben Sie mir, und zwar ein viel gefräßigeres als das, aus dessen Haut die Handtasche gemacht ist, die ich ihr erst gestern geschenkt habe. Sie ist unersättlich, und nicht genug damit, verspottet sie mich auch noch. Die Jugend ist grausam, wenn das Alter begehrt. Kaum hat sie mein Bett verlassen, macht sie sich über mich lustig. Ihren Freundinnen, die ebenfalls Honorare von mir erhalten, erzählt sie, ich hätte einen welken Hintern, und meinem Hauspersonal, ich hätte abscheuliche Vorlieben. Wäre ich auch der Ministerpräsident Italiens, sie würde nicht zögern, mich vor der ganzen Nation zu blamieren. Dabei habe ich sie aus der Untersuchungshaft befreit. Eigenhändig, höchstpersönlich griff ich zum Telefon und rief den Polizeichef an, als sie wegen eines Hoteldiebstahls verhaftet worden war. Gewisse Leute machen mir das zum Vorwurf und behaupten, ich würde mich über das Gesetz stellen. Dabei habe ich nur ein gutes Herz und bin immer bereit, jemandem in Not zu helfen. Die Leser meiner Zeitungen verstehen das. Doch sie selbst zeigt keine Dankbarkeit für das, was ich für sie getan habe, und läßt sich alles, was sie für mich tut, bezahlen. Dabei nimmt sie keinerlei Rücksicht auf meine staatsmännischen Obliegenheiten, so wenig wie die Hurensöhne von Richtern, die mich mit Prozessen behelligen, als sei ich ein Ladendieb. Die Politiker wiederum kennen ohnehin keine Hemmungen, wenn es um die Macht geht und ihnen der Wind ins Gesicht bläst. Das gilt für meine Feinde, und noch mehr für meine Freunde. Viele meiner Freunde sind zu meinen Feinden geworden, obwohl sie ohne meine Freundschaft nie in die Lage gekommen wären, sich ihre Feindschaft leisten zu können. Ich habe viele großgemacht, die nun versuchen, mich kleinzukriegen. Sie sind allesamt Füchse, die den Löwen jagen.

Sie sprechen von der allgemeinen Moral und vertreten nur ihre speziellen Interessen. Ich dagegen verfolge offen mein Eigeninteresse und trage damit auf lange Sicht zum Wohl des Ganzen bei.«

Candy wunderte sich, daß er bei Senator Berlusco der Lehre von Dr. Francis wiederbegegnete. Die Ideen des armen Gelehrten schienen tatsächlich über die ganze Welt verbreitet zu sein und all jene geistig miteinander zu verbinden, deren Eigeninteresse die Lehre vom Eigeninteresse war. Doch ehe Candy sich bei Berlusco danach erkundigen konnte, fuhr dieser fort: »Wenn meine Gegner auch saubere Westen tragen, so haben sie doch allesamt schmutzige Finger. Ich muß es wissen, denn ich habe ihnen die Hände geschüttelt. Jetzt wollen sie mir die meinen binden. Leider sehen die Leute aus dem Volk tatenlos zu, obwohl ich weiß, daß viele mich lieben, denn ich bin das, was die meisten von ihnen gern wären. Wenn man zum Volk spricht, muß man reden wie mit einem elfjährigen Kind.«

Das Krokodilmädchen hatte inzwischen seine Bahnen gezogen und stieg herrlich und zart wie eine Botticelli-Venus aus dem Pool. Ohne den Senator auch nur eines Blickes zu würdigen, ging sie quer über die Terrasse ins Haus, auf den kostbaren Fliesen, die aus einem Renaissancepalast stammen mußten, der tatsächlich in der Renaissance gebaut worden war, die nassen Abdrücke ihrer Füßlein hinterlassend.

»Lassen Sie uns ebenfalls ins Haus gehen«, seufzte Berlusco und erhob sich.

Im Foyer befand sich in jeder Ecke ein Fernsehapparat und auf jedem Apparat lief ein anderes Programm. Aber alle Programme kamen vom Sender Berluscos. Die Bildschirme waren so hoch angebracht, daß man zu ihnen aufblicken mußte. Einer zeigte Berlusco bei einer Pressekonferenz, auf der er die staatsanwaltlichen Versuche, seine Senatoren-Immunität aufheben zu lassen, als manipuliertes Manöver und als Lynchjustiz bezeichnete. Berlusco deutete zu sich selbst hinauf wie zu jemandem, den er bewunderte, aber nicht zu erreichen vermochte.

»Das Fernsehen macht das Große größer«, sagte er, »und das Kleine kleiner. Schauen Sie sich nur die Shows an, die tagsüber laufen, und in denen kleine Leute vor anderen kleinen Leuten ihr kleines Leben und Leiden ausbreiten. Aber erst in den Abendprogrammen legen die Zuschauermassen die roten Teppiche der Aufmerksamkeit der wahren Prominenz zu Füßen. Ins Fernsehen kommen, gesehen werden und siegen – davon träumen die Heloten des Nachmittags, doch nur die Cäsaren des Abends überschreiten den Rubikon des Ruhms. Man steigt nicht zweimal in denselben Fluß, und nicht einmal Berlusco kann auf die eigene Glatze spucken. Aber wenn ich mich in Momenten wie diesem dabei betrachte, wie ich mich in Momenten wie diesem so sehe, dann kommt es mir vor, als stünde Senator Berlusco zwischen tausend Spiegeln und wäre tatsächlich Senator Berlusco.«

Candy verstand nicht, worauf sein Gastgeber hinauswollte, also hielt er den Mund und warf nur Thomas einen fragenden Blick zu. Berlusco bemerkte davon nichts und führte seine Gäste in die Bibliothek.

»Bücher«, sagte er mit einer halb bei-, halb abfälligen Geste, »nichts als Bücher. Gedankenstaub. Ich bekomme Asthma davon.«

Candy ging an den Regalreihen entlang, zog einen Band heraus und las ein paar Sätze: »*Unsere Generation kann sich dafür entscheiden, der extremen Armut bis zum Jahr 2025 ein Ende zu machen.*«

»Was haben Sie denn da?« fragte Berlusco.

»Möchten Sie raten?«

»Meinetwegen, lesen Sie vor!«

Und Candy las vor: »*Ich habe in den letzten zwanzig Jahren mit Staatsoberhäuptern, Finanz- und Gesundheitsministern sowie Dorfbewohnern aus allen Teilen der Welt gearbeitet. Ich habe über hundert Länder besucht, in denen zusammengenommen rund neunzig Prozent der Weltbevölkerung leben. Ich hatte das Glück, an einigen wirklichen Erfolgen teilhaben zu dürfen: dem Ende von Hyperinflationen, der Einführung neuer, stabiler nationaler Währungen, dem Erlaß unbezahlbarer Schulden, der Umwandlung dahinsiechender kommunistischer Wirtschaften in dynamische Marktwirtschaften.*«

Berlusco, der eine Weile vor sich hingekichert hatte, brach in lautes Gelächter aus. »Das kann nur Jeffrey sein«, rief er, »niemand sonst hat ein derart globales Ego. Er hätte keinen Zweifel daran, daß sich die Welt andersherum drehen würde, falls er das für nötig hielte. Hören Sie nur«, Berlusco nahm Candy das Buch aus der Hand: »*Die Welt wird, wie prekär auch immer, durch die Visionen, die Entschlossenheit und den Kampfesmut ihrer Anführer zusammengehalten.* Ich sage das meinen Männern und Mädchen auch immer, obwohl ich weiß, daß es zum Beispiel dem Krokodilkind kaum ein Naserümpfen wert ist. Nur einer mit Jeffrey-Ego bringt es fertig, an das zu glauben, was er sagt. *Die beste Methode, ein erfolgreicher Wirtschaftsberater zu werden, ist die, erfolgreiche Regierungen zu beraten.* Das ist das tautologische Geheimnis des Erfolgs, man könnte es Jeffreys Gesetz nennen. Erst hat er als Berater postkommunistischer Regierungen die Wirtschaftspolitik in Rußland, Polen und Slowenien auf neoliberalen Kurs gebracht, dann fing er an, auf Weltniveau vor den Folgen des eigenen Programms für die Globalisierungsverlierer zu warnen.«

Immer noch lachend stellte Berlusco den Band zurück. Er rieb sich die Hände und forderte Candy auf, ein anderes Werk aufzuschlagen. Candy zögerte, doch dann fiel sein Blick auf eine Batterie von Büchern, die sämtlich einen halb amerikanischen, halb japanischen Namen auf dem Rücken trugen.

»Eine gute Wahl«, jubelte Berlusco höhnisch, als Candy eines der Bücher herauszog, »eine ausgezeichnete Wahl. Über wenige Geisterseher und Gespensterdenker ist die Geschichte so rasch hinweg geschritten wie über diesen Verkünder ihres Endes.«

Wieder entwand Berlusco das Buch Candys Händen: »*Heute haben praktisch alle entwickelten Länder demokratische Institutionen oder versuchen sie einzuführen, und immer mehr Länder schreiten in Richtung auf eine marktbestimmte Wirtschaft und Integration in die globale kapitalistische Arbeitsteilung voran. Diese Entwicklung bedeutet das Ende der Geschichte: Ein Ende in dem Sinne, daß die Geschichte als umfassende Evolution der menschlichen Gesellschaft an ihrem Endziel angelangt ist. Der technische Fortschritt hat zur Folge, daß nationale Volkswirtschaften auf sich überschneidenden Märkten konkurrieren, zugleich erschweren die wachsende Komplexität und Informationsdichte des modernen Lebens jede Form zentraler Planung außerordentlich. Der vom technischen Fortschritt beförderte Kapitalismus hat enormen Wohlstand geschaffen und dient als eine Art Inkubator für die Entwicklung liberaler politischer Systeme auf der Grundlage universeller, gleicher Menschenrechte, in welchen der Kampf um die Anerkennung der menschlichen Würde seinen Höhepunkt findet.*«

Candy begriff wenig von dem, was diese Ausführungen bedeuten sollten, fand jedoch, daß Dr. Francis es nicht bedeutender hätte ausführen können. Wegen Berluscos belustigten Gesichtsausdrucks behielt er das lieber für sich.

»*Man kann sich darauf verlassen*«, las Berlusco weiter, »*daß die Menschen öfter ihre eigenen, selbstsüchtigen Ziele verfolgen als ein wie immer geartetes gemeinsames Interesse.*«

Er ließ das Buch sinken und nickte: »Eine köstliche Binse, finden Sie nicht? Für diese Weisheit brauche ich nicht in die Bibliothek zu gehen, sondern nur an den Swimmingpool. Dort wird sie mir von meinem Krokodilchen jeden Tag demonstriert. Die ganze Welt demonstriert mir das jeden Tag. Sehen Sie nur.«

Er führte Candy zu einer bräunlichen Kugel, die in einer Ecke der Bibliothek in ein hölzernes Gestell gehängt war.

»Das ist der älteste erhaltene Globus der Welt. Ein Nachbau, das Original steht in Nürnberg.« Berlusco tätschelte die Kugel vorsichtig, als wäre sie ein empfindliches Tier, das jeden Moment nach seiner Hand schnappen könnte.

»Er besteht aus leimgetränktem Leinen, das nach dem Trocknen mit Leder überzogen und mit mehreren Schichten Papier beklebt wurde. Ein Deutscher namens Martin Behaim hat ihn 1492 im Auftrag der Nürnberger Ratsherren entworfen, und ein Miniaturenmaler führte die Feinarbeit aus. Damals fing die Geschichte an, die nach Meinung unseres Theoretikers gerade zu Ende geht. Aber die einzige Großmacht, die am Ende machtpolitisch übrig geblieben ist, war am Anfang nicht einmal geographisch bekannt. Behaim und die Ratsherren wußten noch nichts von Amerika. Columbus hat es gefunden, obwohl er glaubte, in Indien gelandet zu sein. Doch Sie werden den Kontinent auf diesem Lederball vergeblich suchen. Dafür finden Sie jede Menge europäische Gier. Achten Sie nur darauf, wie die Welt beschriftet ist. Ich habe es mir übersetzen lassen. Hier zum Beispiel«, Berlusco deutete mit dem Finger auf ein unförmiges Dreieck, von dem Candy annahm, daß es Indien darstellen sollte, »hier steht, daß da viele Gewürze wachsen, da ist von kostbarem Muskat die Rede, und dort ist vermerkt, man finde viel edles Gestein. Das interessierte die Nürnberger Ratsherren, das interessierte die Kriegs- und die Kaufleute überall auf der Welt, wie es die Kriegs- und die Kaufleute bis auf den heutigen Tag überall auf der Welt interessiert.«

Was haben nur immer alle mit den Diamanten, dachte Candy ärgerlich, der sich gewisse Öhrchen nun einmal nicht ohne sie vorstellen mochte.

Unterdessen zog Thomas, der etwas abseits geblieben war, ein kleines Bändchen aus dem Regal und blies den Staub vom Schnitt. Die Ecken waren abgestoßen, ansonsten war das Buch in tadellosem Zustand, obwohl es seine zweihundertfünfzig Jahre auf dem Rücken haben mochte. Der Verfasser war ein gewisser François Marie Arouet. Der Name kam Thomas irgendwie bekannt vor, doch konnte er sich gerade nicht besinnen, woher. Das Büchlein erzählte die Geschichte eines jungen Mannes, der sich in eine junge Frau verliebte. Das war nicht weiter ungewöhnlich. Die vielfältigen Liebes- und Lebensabenteuer verwandelten den jungen Mann in einen etwas älteren. Das war ebenfalls nicht weiter ungewöhnlich. Allerdings machten diese Abenteuer unfreiwillig die Probe auf ein Exempel, das in der Behauptung eines Philosophen bestand, in der besten aller möglichen Welten sei alles aufs Bestmögliche bestellt, wie sich auf lange Sicht immer herausstelle, wenn man nicht kurzsichtig den Ausnahmen zu viel Bedeutung beimesse. Thomas mußte lächeln, als er in dem Büchlein blätterte, und nachdenklich wanderten seine Blicke zwischen den Seiten und Candy hin und her.

Senator Berlusco war unterdessen entweder seiner Bibliothek oder seiner Gäste überdrüssig geworden und führte Candy und Thomas hinaus in den Garten, der Candys ungeheuchelte Bewunderung erregte, obwohl er lange nicht so weiträumig war wie der Redwoodsche, in dem einst die Grillparties gefeiert worden waren, bei denen ein junger Mann eines Abends die Steaks nicht mehr gewendet hatte, aber dadurch sein Schicksal.

Berlusco reagierte mit einem Achselzucken auf Candys Komplimente und sagte, sein Alterssitz in der Toscana verfüge über einen Garten von wirklich repräsentativen Ausmaßen. Zudem befinde sich an dessen schönster Stelle ein Mausoleum aus Marmor, in dem er sich einst zur letzten Ruhe legen werde. Einstweilen sei nur die Zeit für ein Mittagsschläfchen gekommen, bei dem er selbstsüchtige Ziele verfolge, wie er unumwunden zugebe. Das Krokodilchen warte sicher schon auf ihn.

Damit verabschiedete er sich von seinen Gästen, und Candy sagte zu Thomas: »Senator Berlusco muß der glücklichste Mensch der Welt sein, denn er sieht auf alles hinab, was er besitzt, sogar auf sein eigenes Leben.«

»Begreifen Sie denn nicht«, erwiderte Thomas, »daß er von allem außer sich selbst angewidert ist und nichts von dem genießen kann, was ihm gehört. Er nennt vieles sein eigen, nur Freude kann er nirgends kaufen.«

»Aber macht es denn nicht wenigstens Freude, zu kritisieren, was man hat und wonach andere sich vergeblich sehnen?«

»Welche Freude soll das denn sein, wenn ihm vor Gier sogar das fremd bleibt, was er sich angeeignet hat. Mag er nur mit dem Finger auf der Welt herumzeigen, die unsichtbare Hand der Wahrheit, sollte es sie geben, deutet stets auf sein eigenes Herz.«

Candy wunderte sich über diese wenig nihilistische Bemerkung und fragte: »So gibt es also außer mir, wenn ich Condola endlich gefunden habe, keinen glücklichen Menschen?«

»Die Hoffnung stirbt zuletzt«, wich Thomas aus, ganz von dem Interesse in Anspruch genommen, nicht noch mehr von Interessen in Anspruch genommen zu werden, seien es die von Candy oder seine eigenen, seien es die von Leuten am Anfang oder von Leuten am Ende der Geschichte.

Nach dem Besuch bei Senator Berlusco schleppten sich die Tage und Wochen dahin. Von Kakao war weiterhin keine Spur zu finden. Candy sank in den Trübsinn zurück und wunderte sich nicht einmal, daß weder Franziska noch Attaché Soufflé erneut bei ihm auftauchten.

Kap.
26
Ein Essen mit sechs Fremden

Eines Abends sahen Candy und Thomas ihren Stammplatz im Speisesaal des Hotels mit einem anderen Tisch zusammengerückt. Neben ihren Gedecken waren sechs weitere aufgelegt. Während Candy und Thomas überlegten, ob es sich um ein Mißverständnis handelte und sie beim Kellner einen Tisch für sich allein reklamieren sollten, trat ein braungebrannter Mann von hinten an Candy heran und flüsterte ihm ins Ohr: »Halten Sie sich bereit, die Abreise steht unmittelbar bevor.«

Candy wandte sich erstaunt um – und stand Kakao gegenüber. Nur Condolas Anblick hätte ihn mehr überraschen und erfreuen können. Mit Tränen der Seligkeit in den Augen umarmte er den endlich wiedergefundenen Freund.

»Condola ist hier, stimmt's? Wo hält sie sich versteckt? Ich muß sofort zu ihr. Ich könnte ohnmächtig werden vor Glück.«

»Tut mir leid, aber Condola ist nicht hier.«

»Wo ist sie dann?«

»In Istanbul.«

»In Istanbul? Was zum Teufel macht sie in Istanbul? Hier in Venedig sollte sie sein! Aber ganz gleich. Wäre sie am Ende der Welt – ich würde zu ihr eilen. Komm, laß uns keine Zeit verlieren, wir brechen sofort auf.«

»Das geht frühestens morgen. Ich bin kein freier Mann, sondern der persönliche Assistent eines zwangspensionierten türkischen Generals. Das heißt, ich bin sein Leibwächter, Chauffeur, Kofferträger und Vorkoster. Selbst den Wein bei Tisch schenke ich ein. Mein Chef hat Angst, vergiftet zu werden und duldet keine Kellner in seiner Nähe. Es könnte ein Kurde darunter sein, der ihm nach dem Leben trachtet. Oder ein Armenier, der vor langer Zeit ermordete Verwandte rächen will. Oder ein Islamist, der meinen Chef für zu kemalistisch oder ein Kemalist, der ihn für zu islamistisch hält. Er wittert überall Gefahr und ist immer sehr nervös. Dabei tut ihm keine Fliege was zuleide. Trotzdem kann ich nur raten, während des Essens nichts von Condola verlauten zu lassen. Morgen sehen wir weiter.«

Die Freude, Kakao wiedergesehen zu haben, und die Sorge, endlich auch Condola wiederzusehen, wechselten in Candys Herz einander ab. Sein Gesicht wurde rot, sein Gesicht wurde blaß; sein Blick strahlend, sein Blick matt; seine Haltung straff, seine Haltung schlaff. Thomas zeigte sich vom einen wie vom anderen unberührt und verbarg seine Neugier hinter einer Nihilistenmiene, deren Undurchdringlichkeit Philosophen und Pokerspielern gleichermaßen Ehre gemacht hätte.

Nachdem die sechs Fremden in den Speisesaal gekommen waren, begab man sich gemeinsam zu Tisch. Während des Mahls klingelte das Handy von Kakaos Chef. Obwohl der General a.D.

während des in Englisch geführten Telefonats die Stimme senkte, waren die wenigen Worte, die er sprach, deutlich zu verstehen: »Der Militärrat? Danke für die Nachricht. Ich reise morgen.«

Kaum hatte er sich wieder der Tischrunde zugewandt, klingelte bei einem anderen Fremden das Handy. »Der Wind hat den Ölteppich vor der Küste gestoppt? Gute Arbeit. Ich reise morgen.« Nachdem der Fremde sein Handy eingesteckt hatte, fing plötzlich ein Baby an zu schreien. Ein weiterer Fremder tastete nach dem Handy, entschuldigte sich und schnarrte in den Apparat: »Was ist los. Sie wissen doch, ich bin nicht erreichbar. – Ach so? Das ist etwas anderes. Ich reise morgen.« Dann wandte er sich an die Tischrunde und sagte: »Kleiner Scherz. Meine Ex-Frau hat mir die Stimme unseres Sohnes als Klingelzeichen aufgespielt – und ich weiß nicht, wie man so etwas löscht.«

Candy und Thomas sahen einander kopfschüttelnd an. Erlaubte man sich einen Scherz mit ihnen? Der Karneval war doch vorbei, und die Nebelschwaden der Schwermut zogen durch die engen Gassen Venedigs.

In diesem Moment läutete zum vierten Mal ein Handy. Der Fremde nahm das Gespräch an, rief erschrocken »Korrupinsky!«, wurde kreidebleich und fügte hinzu: »Ich reise morgen.« Schon klingelte erneut ein Handy, und ein anderer Fremder klappte sein Gerät auf. »Summa cum laude«, sagte er, »das ist ja wohl das mindeste. Ich reise morgen.« Er war ein noch recht junger Mann. Leutselig lächelte er in die Runde und nickte allen zu. Gerade wollte er mit einer kleinen Rede beginnen, als es zum sechsten Mal klingelte. Der letzte der Fremden, dessen obere Gesichtshälfte hinter einer gewaltigen Sonnenbrille verschwand, holte sein Handy heraus: »Nein? Dann ist alles zu Ende. Wohin soll ich denn morgen reisen?«

Alle schwiegen betreten und senkten die Köpfe, sogar Summa-cum-laude schlug die Augen nieder.

»Was zum Kuckuck geht hier vor?« rief Candy. »Wollen sich die Herren über uns lustig machen? Wir haben den ganzen Karneval in Venedig verbracht und genug Narreteien erlebt. Morgen fliegen wir nach Istanbul.«

Kakaos Chef ließ gekränkt die Mundwinkel fallen und schlug mit dem Messer auf den Tisch. Es hörte sich beinahe an, als würde ein Soldat mit den Hacken knallen.

»Von Kuckuck und Karneval kann keine Rede sein. Ich stand und stehe treu zum türkischen Staat, zum Laizismus Atatürks, zum Kopftuchverbot an unseren Universitäten, zur Kopftucherlaubnis an euren, zur Garantie unserer Verfassung durch die Armeeführung und zu unserem Anspruch auf Restzypern, das widerrechtlich von Griechen besetzt ist. Ich bin für den Beitritt zur EU und ich bin dagegen, das hängt von der jeweiligen Interessenlage ab. Der meinen, und der des türkischen Staates, versteht sich. Man hat gegen mich intrigiert und mir einen Prozeß wegen Verrats am Türkentum angehängt. Als wäre ich einer dieser tölpelhaften Schriftsteller, die immer zur Unzeit die Wahrheit sagen. Doch nun geht die Sonne der Rehabilitierung auf. Die Welt, der Sicherheitsrat, die Nato und die EU brauchen die Türkei, die Türkei braucht ihre Armee, und die Armee ihre Generäle.«

Er machte eine Pause, um Luft zu holen, schon ergriff der zweite Fremde das Wort: »Sie dürfen CEO zu mir sagen. Während meiner Jahre als Chief Executive Officer eines Ölkonzerns habe ich den Umsatz verdrei- und den Gewinn nach Steuern, die wir kaum noch zahlen, verzehnfacht. Wir haben Öl vor Norwegen gefördert und das Land reich gemacht. Wir haben Pipelines durch Regenwälder gezogen und den Eingeborenen das eine oder andere Krankenhaus gebaut. Wir haben Potentaten bestochen, um die Versorgung der westlichen Welt zu sichern. Andere Potentaten haben wir von den eigenen Paladinen absetzen lassen, um die Versorgung der westlichen Welt zu sichern. Wir schicken Schiffe über die Meere und Tanklastzüge über die Straßen. Die Menschen wollen Wohnungen heizen, Autos fahren und in Urlaub fliegen. Alle dürsten nach Öl, doch wenn es um seine Beschaffung geht, sind die meisten grün hinter den Ohren, wollen nichts damit zu tun haben und nichts davon wissen. Das kostete mich meinen Job. Ein Ölteppich auf dem Meer war das Leichentuch meiner Karriere. Doch nun hat sich der Wind gedreht. Die Katastrophe findet erst nächstes Mal statt.«

»Bei mir war es umgekehrt«, sagte der Mann mit dem Babyhandy. »Die Katastrophe hat stattgefunden, ohne daß ich sie bemerkte. Ich war Präsident von Kanaan, und was einem Präsidenten der Vereinigten Staaten von Amerika recht war, das, so glaubte ich, durfte mir billig sein. Doch ist es anders gekommen, und ein bißchen Bürosex wurde mein Verhängnis. Die Monika am mächtigsten Mann der Welt hat die Leute belustigt, doch mir drehte das Gericht aus meiner Lust den Strick. Ich entzog mich der drohenden Verurteilung und floh aus Amt und Ehe nach Venedig. Nun wird der Prozeß neu aufgerollt.«

»Korrupinsky!« platzte der vierte Fremde dazwischen, »Korrupinsky ist an allem schuld. Ich war der Oligarch der Oligarchen. Politiker regierten für mich, Journalisten schrieben für mich, Popen beteten für mich, Richter sprachen und brachen für mich Recht. Mein Imperium war riesig wie Alaska, das ein Dummkopf von Zar einst an die Yankees verkauft hat. Es war unübersichtlich wie die russische Seele und das postsowjetische Steuersystem. Ich hatte Beteiligungen an Firmen in Europa, Asien und

Amerika, ich handelte mit Weizen und Waffen, lieferte Gas nach Berlin, Diamanten nach Antwerpen, Plutonium nach Teheran. Dann hat mich Korrupinsky, mein alter Partner aus Transformationszeiten, der Steuerhinterziehung und der Bereicherung an staatlichen Gasreserven bezichtigt. Nur mit viel Glück entging ich dem Schicksal eines anderen gestürzten Magnaten, der seine Milliarden seit Jahren im Gefängnis büßt. Jetzt endlich geht es Korrupinsky an den Kragen.«

Candy hätte aus naheliegenden Gründen, die allesamt mit Condolas Ferne zu tun hatten, gern Genaueres erfahren, doch kam seinen Fragen der junge Summa-cum-laude zuvor, der die Zeit für gekommen hielt, seine vorhin unterbliebene Rede nachzuholen: »Man hat mir die Luft abgelassen wie einem zu hoch gestiegenen Ballon. Meine politische Karriere war steil und schnell, der Förderer gab es viele, der Neider noch mehr. Bei Freund und Feind galt ich als vielversprechend, und die Freunde versprachen sich viel davon, wenn ich diese Versprechen eines Tages halten würde. Leider ist es dazu nicht gekommen. So gut meine *promotion* war, meine Promotion war ein Rückschritt. Man regte sich über die Nebensächlichkeit auf, daß meine Dissertation hauptsächlich nicht von mir verfaßt war. Als ob je ein Politiker seine Bücher selbst geschrieben hätte. Dafür haben Entscheidungsträger keine Zeit. Sie kommen vor lauter Verantwortung nicht einmal dazu, die Akten zu lesen, die ihren Entscheidungen von anderen zugrunde gelegt werden. Wie soll man da wissenschaftliche Werke für ein weiteres wissenschaftliches Werk studieren, das nur den einen Sinn und keinen höheren Zweck hat, als seinem guten Namen zwei honorige Buchstaben anzuheften. Und natürlich ist dabei für einen Mann von Bedeutung die Bestnote Bedingung.«

»Das sind alles bloß akademische Probleme«, unterbrach ihn empört der Fremde mit der Sonnenbrille, »ich habe ganz andere Sorgen: Meine Minister sind zur Opposition übergelaufen, meine Botschafter haben in fremden Botschaften Asyl gesucht, meine Generäle haben meine Armee verlassen und meine Soldaten gleich mitgenommen, meine Polizei kehrte die Gewehre gegen mich, und die eigene Leibwache warf mich aus meinem Palast. Vierzig Jahre lang haben sie in meinem Namen das Volk unterdrückt und sich unter meinem Schutz bereichert. In vierzig Tagen wollen sie alles wiedergutmachen. Und das schlimmste ist, es wird ihnen sogar gelingen. Sie werden mich zum alleinigen Urheber aller Übel erklären, als hätte je ein einzelner Mann ein ganzes Volk beherrscht. Man wird mich festnehmen, man wird mich vor Gericht stellen, man wird mich aburteilen. Die europäischen Hände, die einst Verträge mit mir unterzeichneten, ballen sich nun zur Faust des späten Widerstands.«

Wieder schwiegen alle betreten, wieder schlug sogar Summacum-laude die Augen nieder. Ohne ein weiteres Wort ging das Mahl zu Ende. Candy verzichtete aufs Dessert und zog sich mit Thomas zurück. In seinen Gedanken war er schon am Bosporus.

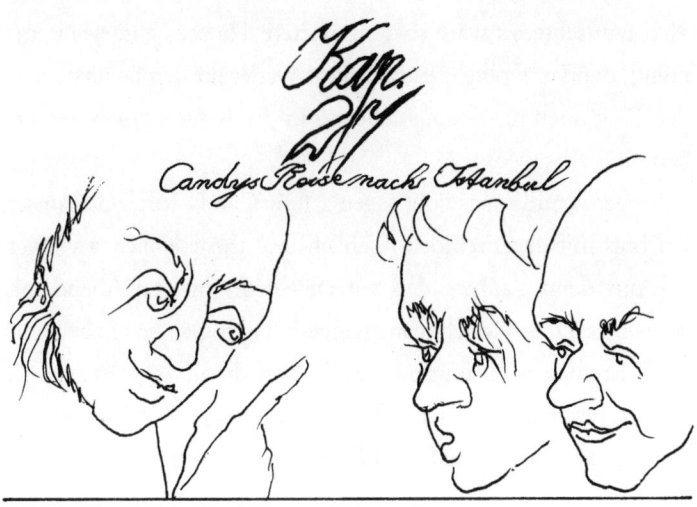

Kap. 29
Candys Reise nach Istanbul

Kakao war es gelungen, für Candy und Thomas bei der türkischen Fluglinie, mit der sein Chef ins Vaterland zurückkehrte, zwei *last minute*-Plätze zu ergattern, die auch noch nebeneinander lagen. Sicher war dabei die unsichtbare Hand des Zufalls im Spiel, doch bemerkten das die beiden Reisenden nicht. Im Herzen eilte Candy zu seiner Condola voraus, im Kopf kehrte er noch einmal zu seinen venezianischen Erlebnissen zurück.

»Das war vielleicht ein Abendessen«, sagte er. »Eine Geschichte schwärzer als die andere. Und doch schöpfte bis auf den letzten, der nun allerdings völlig verzweifelte, jeder neue Hoffnung. Das Leben hält die überraschendsten Wendungen bereit, und manchmal sind es solche zum Positiven. Wahrscheinlich gibt es überall Menschen in weit aussichtsloseren Positionen. Ich dagegen habe gar nicht so viel verloren und fliege in Condolas Arme. Mein lieber Thomas, nie war ich überzeugter, daß Dr. Francis doch recht hatte, wenn er lehrte, daß sich auf lange Sicht alles fügt.«

»Ich wünschte, es wäre so«, antwortete Thomas entgegenkommend, denn er wollte Candys Laune weder für den bevorstehenden Flug noch für das ausstehende In-die-Arme-Fliegen verderben.

»Übrigens muß man wohl sagen«, fuhr Candy fort, »daß unser Erlebnis mit den Fremden reichlich unwahrscheinlich war. Wer soll uns denn glauben, daß wir an einem einzigen Abend mit sechs machtlosen Mächtigen an einem Tisch gesessen haben?«

»Das ist auch nicht unglaubwürdiger als die übrigen Ereignisse, die uns begegnet sind. Ich habe zu viel erlebt, um mich von solchen Lappalien aus der Fassung bringen zu lassen.«

An Bord nahmen sie ihre Plätze ein, schnallten sich an und verfolgten zerstreut die Pantomime, die eine Stewardeß mit der Atemmaske aufführte, während die Sicherheitshinweise aus den Lautsprechern tönten, immer ein paar Sekunden den forschen Gesten der adretten jungen Frau hinterher.

Der Flug verlief angenehm, und als die Maschine auf dem Atatürk Airport landete, ging Candys christlicher Puls schneller vor lauter Glaube an das Glück, Liebe zu Condola und Hoffnung auf ein baldiges Wiedersehen in der herrlichen islamischen Stadt, die Europa mit Asien verbindet.

Am Förderband der Gepäckausgabe, das wegen eines technischen Defekts gleich nach dem Anlaufen wieder zum Stillstand gekommen war, traf er auf Kakao, den er erst heftig an sich drückte und dann nicht minder heftig befragte: »Also, was treibt Condola? Ist sie immer noch schön wie der Tag und verführerisch wie die Nacht? Trägt sie Diamanten in den Öhrchen? Denkt sie manchmal an mich? Ich nehme an, du hast mit meinem Geld gut für sie gesorgt.«

»Ach, Candy, alter Freund und Gebieter, Condola arbeitet in einer Fischfabrik am Marmarameer. Sie plagt sich für wenig Geld täglich viele Stunden, und was das schlimmste ist: ihre ganze Schönheit ist dahin. Ihre Hände sind geschwollen, die Nägel eingerissen, die Haut ist gesprungen; ihre Augen blicken stumpf, ihr Gesicht ist aufgedunsen, ihre Figur über das Rubensformat hinausgewachsen.«

»Einerlei!« rief Candy erschrocken, »Liebe ist Liebe. Ich wäre bloß ein blasiertes Jüngelchen wie die anderen damals auf Redwoods Grillparty, wenn ich sie nun, da sie meine Zuneigung am nötigsten hat, im Stich lassen würde. Allerdings muß ich mich und vor allem dich fragen, wie sie so herunterkommen konnte, bei dem vielen Geld, das ich dir mitgegeben habe.«

»Die Frage ist berechtigt«, erwiderte Kakao. »Aber ich mußte viel investieren, um Condola freizubekommen, zumal sie sich, um ehrlich zu sein, in dem goldenen Käfig, den Korrupinsky für sie baute, recht wohl zu fühlen begann. Sie legt nun einmal Wert auf einen gewissen Lebensstandard, und selbst wenn das Leben in Rußland und nicht auf Redwood stattfindet, ist das halb so schlimm, vorausgesetzt der Standard stimmt. Und schließlich ging es ihr gut wie lange nicht mehr, es konnte nur schlechter werden, wenn sie sich Korrupinskys Armen entwand. Er mußte sie regelrecht verstoßen, und um ihn so weit zu bringen, spann ich Intrige um Intrige, bis seine Eifersucht endlich geweckt war. Er ist kein Mohr in Venedig, sondern ein Geschäftsmann in Moskau, und es dauerte eine Weile, bis er glaubte, seine amerikanische Desdemona führe ihn mit ihren Unschuldsbeteuerungen an der Nase herum. Das allerdings konnte er sich nicht bieten lassen ohne Ansehensverlust bei seinen Mitbewerbern, seien es die vermeintlichen bei Condola oder die tatsächlichen im Geschäft.

Diese ganze Sache einzufädeln, war ziemlich teuer. Für die Befreiung mußte ich so viel Geld ausgeben, daß für die Freiheit nur wenig übrigblieb. Dabei hatten wir nach dem Bruch der Verbindung das dringende Verlangen, Moskau so schnell wie möglich zu verlassen. Condola fürchtete zwar nicht gerade, von Korrupinsky höchstpersönlich erdrosselt zu werden, hatte aber dennoch Angst vor den grünäugigen Ungeheuern, die ich wie ein neuer Jago dem Korrupinsky in den Kopf gesetzt hatte. Ich wiederum hatte Angst, Condola würde herausfinden, daß ich der Schurke im Stück war. Zum Glück stieß mich die unsichtbare Hand des Zufalls in die abschmelzende Entourage des türkischen Generals. Er hielt sich wegen irgendeiner militärpolitischen Mission in Moskau auf, als er in Ungnade fiel. Die Leute liefen ihm davon, und ich ersetzte sie als Mädchen für alles. Mit seiner Hilfe gelangten wir nach Istanbul, wo die Freiheit unser letztes Geld verzehrte. Nachdem es verbraucht war, ging Condola in die Fischfabrik, und die alte Frau – du erinnerst dich? – spült in der Kantine dieser Fabrik die Teller. Ich blieb bei meinem General, der alles andere als generös, aber sonst ein leidlich erträglicher Chef ist. Ich fürchte allerdings, das wird sich ändern, sobald seine Furcht ab- und seine Entourage wieder zunimmt.«

»Das Schicksal hat euch wirklich übel mitgespielt. Aber ich sage dir, es wird alles gut. Ich habe immer noch genug Geld, um Condola aus dieser elenden Fabrik zu befreien. Wahrscheinlich stinkt sie schrecklich nach Fisch. Schade, daß schmutzige Arbeit die Leute so häßlich macht.«

Er schüttelte sich vor Mitgefühl und auch ein bißchen vor Ekel. Dann wandte er sich an Thomas: »Was meinen Sie: Wer ist mehr zu bedauern, jeder der fünf Fremden, vom sechsten will ich nicht reden, oder ich?«

»Woher soll ich das wissen? Dafür müßte ich erst in der Haut von jedem der fünf Fremden stecken und dann in der Ihren. Aber ich bin Thomas, nicht Theiresias.«

»Wäre nur Dr. Francis hier. Der würde Rat geben, ohne sich mit blinden Sehern aus der griechischen Mythologie herauszureden.«

»Ich habe keine Ahnung, welche wissenschaftlichen Maßstäbe Ihr Dr. Francis an Glück und Unglück der Menschen anlegt«, brummte Thomas, »aber es ist wohl zu vermuten, daß es Millionen von Menschen auf der Erde gibt, die hundertmal mehr zu beklagen sind als Sie und die Fremden, den sechsten eingeschlossen.«

»Da haben Sie recht«, lenkte Candy ein.

Während sie weiter darauf warteten, daß sich das Förderband in Bewegung setzte, besprachen sie, wie beim General Kakaos Kündigung durchzusetzen, die Alte aus der Kantine zu holen und Condola trotz ihrer figürlichen Veränderung von der Fischfabrik zu erlösen wäre.

Unterdessen wurden die Passagiere, die mit ihnen um das stillstehende Förderband herumstanden, immer ungehaltener. Man machte seinem Ärger Luft, Protestrufe wurden laut, und es stand ein Handgemenge zu befürchten, sobald das Band loszuckeln würde. Die Stimmung an Flughäfen ist auch unter normalen Umständen gereizt, und der Klassenkampf um die Koffer kann höchst unerquicklich werden, wenn die Reisenden der *business class* und der *economy class* gleichberechtigt frustriert sind.

Dazu kam es jedoch nicht. Gepäckverlader, die noch die gelbroten Warnwesten vom Einsatz draußen am Flugzeug trugen, zogen Kofferwagen in die Halle, angetrieben von Uniformierten mit quäkenden Funkgeräten in der Hand. In früheren Zeiten, als vieles noch nicht besser geworden war, hätten in dieser Situation die

Peitschen geknallt. So aber mußten sich die Leute an den Gepäckwagen nur anschreien lassen. Gleichwohl stand ihnen nicht nur der Schweiß auf der Stirn, sondern auch der Zorn im Gesicht. Besonders zwei von ihnen erregten Candys Aufmerksamkeit.

»Es ist verrückt«, rief er mit erhobener Stimme, um sich im Getümmel verständlich zu machen, »aber hätte ich nicht mit eigenen Augen Dr. Francis hängen sehen, und hätte ich nicht mit eigenen Händen Condolas Bruder erschlagen, ich würde glauben, die beiden dort wären Dr. Francis und Mr. Redwood.«

Als Candy die Namen rief, setzten die zwei Leute am Gepäckwagen entgeistert die Koffer ab. Sofort stürzten die Uniformierten herbei, fuchtelten mit den Funkgeräten und schnarrten Befehle. Candy in seinem Edelmut war ein derartiges Benehmen verhaßt, und er eilte den beiden mit seinem Protest zu Hilfe.

»Ich werde mich beschweren«, herrschte er die Uniformierten an, als wäre er ihr Vorgesetzter. »So geht man nicht mit Menschen um!«

Die Gescholtenen blickten einander verblüfft an, denn Candy hatte nicht auf Türkisch protestiert, und sie hatten kein Wort verstanden.

»Das ist doch Candy!« stotterte der eine Gepäckverlader.

»Wirklich, das ist tatsächlich Candy«, antwortete der andere.

»Bin ich im falschen Film«, wunderte sich Candy, »oder im richtigen Flughafen? Ist das wirklich Dr. Francis, den ich habe hängen sehen? Und ist das wirklich Mr. Redwood, den ich erschlagen habe?«

»Ja, wir sind es, wir sind es«, riefen die zwei im Duett.

»Das ist also der bedeutende Theoretiker«, merkte Thomas an, der seit dem kleinen theiresischen Zwist kein Wort gesagt hatte.

Candy wußte sich vor Freude nicht zu lassen. Wieder und wieder umarmte er Dr. Francis und klopfte Mr. Redwood auf die Schulter.

»Habe ich Sie denn nicht mit Ihrem eigenen Golfschläger getötet?« fragte Candy, begeistert vom unverhofften Wiedersehen.

»Und Sie, verehrter Dr. Francis, habe ich Sie nicht am Strick des Hüters des Göttlichen Rechts baumeln sehen? Wieso sind Sie beide am Leben? Und was machen Sie hier in Istanbul?«

»Ich habe gehört, Condola soll auch hier sein«, sagte Mr. Redwood, und Kakao bestätigte es ihm, während Dr. Francis erklärte: »Habe ich nicht immer gesagt, daß am Ende der Geschichte alles gut wird?«

Candy machte Dr. Francis und Mr. Redwood mit Kakao und Thomas bekannt. Sie redeten durcheinander, keiner konnte den anderen verstehen, und alle zusammen verstanden sich prächtig. Unterdessen erholten sich die Uniformierten von ihrer Verblüffung über Candys Einmischung und machten Anstalten, ihre Autorität wiederherzustellen. Einer stach mit der Antenne seines Funkgeräts Candy so heftig vor die Brust, daß der Stoß in einer anderer Epoche und mit dem Degen geführt vermutlich tödlich gewesen wäre. Aber wieder einmal zeigte der allgemeine Fortschritt des Menschengeschlechts Wirkung, und die Unverschämtheit hatte keine blutigen Folgen, von dem Blut abgesehen, das Candy ins Gesicht stieg. Seinen gerade erst wiedergefundenen Freunden zuliebe bezwang er seine Wut, und bevor Dr. Francis und Mr. Redwood sich unter den Beschimpfungen der Uniformierten geduckt wie Galeerensklaven an die Arbeit machten, wurde vereinbart, daß sie nach Feierabend in das von Kakao vorgeschlagene Hotel kommen sollten, in dem Candy alle miteinander unterzubringen gedachte.

Am Abend wurde das Wiedersehen erneut gefeiert. Dr. Francis ergriff ergriffen Candys Hand und dankte ihm mit Tränen in den Augen dafür, die einem Philosophen selbst als situative Ausnahme kaum zumutbare Arbeit als Gepäckverlader nicht wieder aufnehmen zu müssen. Mr. Redwood zeigte gleichfalls einen Anflug von Dankbarkeit, nickte herablassend mit dem Kopf und versicherte, Candy die Unkosten bei nächster Gelegenheit zu erstatten, denn es sei nicht statthaft, daß ein Redwood Schulden habe, jedenfalls nicht bei einem Mann wie – den Rest verschluckte er und fragte stattdessen: »Ist es wirklich wahr, daß es meine Schwester gleichfalls nach Istanbul verschlagen hat?«

»Es muß ja wohl wahr sein«, antwortete Kakao frostig, »denn sie arbeitet am Marmarameer in einer Fischfabrik.«

Kap. 28

Was Candy, Condola, Dr. Francis und Thomas widerfuhr

»Ich will Ihnen noch einmal sagen«, wandte sich Candy an Redwood, »wie leid es mir tut, daß ich Ihnen den Golfschläger über
den Schädel gezogen habe.«

»Reden wir nicht mehr davon. Vielleicht war ich wirklich etwas
zu heftig. Jetzt sind andere Dinge wichtiger, vorläufig jedenfalls,
und Sie wollen bestimmt wissen, wie es zugegangen ist, daß ich,
ein waschechter Redwood, zum Gepäcksklaven geworden bin.
Ihr Schlag hatte mich keineswegs getötet, wenn ich auch etliche
Stunden bewußtlos lag, bis ich im Krankenhaus wieder zu mir
kam. Ich verlor vorübergehend mein Gedächtnis, und wie soll
man andere fragen *Wissen Sie überhaupt, wer ich bin?* wenn man
es selbst nicht mehr weiß. Als ich wieder zu mir fand, war die
Lage in Balkanien und Balkanesien dermaßen verändert, daß ich
meinen Platz als Firmenchef nicht mehr einnehmen konnte, denn
diesen Platz und die Firma gab es nicht mehr, und Balkanien und
Balkanesien nicht mehr in dieser Form. Immerhin gelang es mir,

in Moskau einen meiner ehemaligen russischen Geschäftspartner aufzustöbern, der mich nun allerdings für tot gehalten hatte, wobei ihm wohler gewesen wäre, wie er unverhohlen zugab. Dennoch griff er mir unter die Arme, wenn sich das so sagen läßt, wenn ein postsowjetischer Exkommunist einem Redwood von Amerikaner ein paar Rubel rüberschiebt, um ihn so schnell wie möglich loszuwerden. Ich wollte mich nicht mit Rubeln abspeisen lassen, beharrte auf Dollar und drohte damit, zur Polizei zu gehen, um von unseren früheren Geschäften während der guten alten Zeit zu plaudern, als der russische Kapitalismus noch jung war. Daraufhin holte er selbst die Polizei. Ich wurde ohne viel Federlesen eingesperrt, mochte ich noch so nachdrücklich auf dem neuen russischen Rechtsstaat und einem Anwalt meiner Wahl bestehen. Den einen gab es für mich nicht, den anderen konnte ich nicht bekommen, weil mir das Geld fehlte, ihn zu bezahlen. Nach meiner Freilassung, die mich noch mehr überraschte als meine Festnahme, trieb ich mich häufig am Flughafen herum, immer in der Hoffnung auf eine Gelegenheit, diesem verfluchten Land zu entkommen, in dem mich die Nichtanwendung von Recht und Gesetz so unglücklich gemacht hatte wie einst die Anwendung von beidem in meinem eigenen. Eines Tages war ich wie in meinen besseren Zeiten genau im rechten Moment am richtigen Platz, denn ich konnte den einnehmen, der durch den Herzinfarkt eines türkischen Geschäftsmannes beim Einchecken frei geworden war. Ich bekam den Flug fast umsonst, aber in Istanbul gingen meine restlichen Rubel schnell zu Ende. Ich bewarb mich beim Flughafen als *Chief Facility Manager*, aber sie brauchten gerade keinen Chef, sondern nur Gepäckverlader. Und jetzt möchte ich wissen, wie meine Schwester in die Fischfabrik geraten ist.«

»Und Sie, verehrter Dr. Francis«, fragte Candy, der mit dem üblichen Eigeninteresse zuerst seine Neugierde befriedigen wollte, bevor er sich um die von anderen kümmerte, »wie ist es zu erklären, daß ich Sie wiedertreffe, obwohl ich Sie hängen gesehen habe?«

»Das hat nun allerdings eine besondere Bewandtnis, und ich muß zugeben, daß dabei nicht die unsichtbare Hand im Spiel war, sondern eine sichtbare, menschliche, allzu menschliche, die mich vom Seil schnitt, bevor ich erstickte. Die Schlinge war schlecht geknüpft und schloß sich nicht eng genug um meinen Hals. Ich atmete, wenn auch wenig, und wohnte atemlos, wenn ich das so formulieren darf, meiner eigenen Hinrichtung bei. Ich glaubte, den Verstand zu verlieren, verlor aber nur das Bewußtsein. Die Hand, die mich rettete, gehörte einem Mann, der dem Hüter des Göttlichen Rechts feindlich gesonnen war, diese Feindschaft aber einstweilen nicht offen zeigen konnte. Er rächte sich für eine Schmach, die ihm zugefügt worden war, und die wenig mit Religion und viel mit Ziegen und Land zu tun hatte, indem er mir, dem Feind seines Feindes, ein Freund war, mich außerhalb des Dorfes in einer Höhle versteckte und mir nach meiner Genesung den Weg ins Nachbartal zeigte, wo ich auf weitere Feinde seines Feindes treffen würde. Offenbar kann auch ein Hüter des Göttlichen Rechts es nicht allen Menschen recht machen, und ich gedachte diesen Umstand zu nutzen, um möglichst viel Raum zwischen mich und den Ort zu bringen, an dem ich meinen eigenen Tod überlebt hatte. So wanderte ich von Tal zu Tal und von Clan zu Clan, hielt mich hier einige Tage auf und dort etliche Wochen, je nachdem, ob ich eher als Gast oder eher als Geisel betrachtet wurde. Schließlich verschlug es mich in ein pakistanisches Ausbildungslager, in dem junge Männer aus London und Hamburg, die ihrer westlichen Herkunft überdrüssig geworden waren und ihren mittelschichtigen Lebensstandard satt hatten, zu islamistischen Bombenlegern ausgebildet wurden. Mit einem Eifer, wie ihn nur Proselyten aufbringen, verschworen sie sich dem Kampf gegen die Dekadenz der modernen Welt, den sie mit den Waffen dieser Welt auszufechten gedachten, mit Videobotschaften, Plastiksprengstoff und elektronischen Zeitzündern. Vom Hüter des Göttlichen Rechts hatte ich gelernt, daß es in manchen situativen Ausnahmen klüger ist, den Mund zu halten, wenn man den Kopf nicht riskieren will, auch wenn das dem Recht auf freie Meinungsäußerung widerspricht. Der Prozeß demokratischer Meinungsbildung ist in einem Islamistencamp nicht viel wert, oder nur so wenig wie in jeder anderen Militärbasis, egal in welcher geographischen und ideologischen Lage.

Diskurs und Gehorsam passen in hierarchischen Organisationen nun einmal nicht zusammen, obwohl ich es meiner intellektuellen Redlichkeit schulde, darauf hinzuweisen, daß an unseren akademischen Institutionen eine gewisse Anpassung an den herrschenden Diskurs gleichfalls nicht unüblich ist. Aber ich schweife ab. Die Abenteuer des Geistes spielten in dem leider viel zu langen Lebensabschnitt, von dem ich zu berichten habe, keine Rolle. Auch die einzelnen Stationen spielen keine Rolle, es waren ihrer zu viele, und die situativen Ausnahmen, die ich durchstehen mußte, wurden nachgerade zur Regel. Jahrelang trieb ich mich in Weltgegenden herum, in denen alles, was ich gelernt hatte, und alles, was ich in zivileren Gegenden gelehrt hätte, von keinerlei Bedeutung war. Hier wollte mir kein zweites Mal der Neuanfang gelingen, der mir beim Wechsel vom Beraterassistenten in Washington zum Assistenzberater in Moskau schon einmal gelungen r – oder jedenfalls gelungen wäre, hätten die Heiligen Schüler nicht unser Flugzeug entführt und uns selbst in jenes Tal verschleppt, wo unsere Wege, mein lieber Candy, sich vor so langer Zeit trennten. Der Konjunktiv ist die böse Kraft der Geschichte und verzögert ihr Ende immer wieder. Gäbe es den Konjunktiv nicht, würde alles genau so geschehen, wie es zu geschehen hat. Nirgends würde die Ausnahme gegen die Regel putschen und überall die liberale Ordnung zum Ausgleich der Interessen führen. Über viele Wege, die zu nichts, und viele Umwege, die nur zu weiteren Umwegen führten, gelangte ich schließlich nach Istanbul, wo ich mich von der terroristischen Vergangenheit, die mir aufgezwungen worden war, sofort lossagte. Mit wenig Erfolg allerdings.

Wegen meines Versuchs, den Untergrund zu verlassen, mußte ich in den Untergrund. Von den Terroristen wurde ich als Verräter gejagt, vom Staat als Terrorist. Nachdem endlich Gras über die Sache gewachsen war, gelang es mir zu meiner eigenen Verwunderung, den Galeerenjob als Gepäckverlader am Flughafen zu ergattern. Offenbar ist man bei der Sicherheitsüberprüfung nicht auf meine Ausbildung in den pakistanischen Camps gestoßen, was sehr darauf hindeutet, daß bei der Subfirma, die mich im Auftrag einer anderen Subfirma für eine Subfirma einstellte, eine solche Sicherheitsüberprüfung überhaupt nicht stattgefunden hat. Eines Tages stand ich, den Reisekoffer in der Hand, Mr. Redwood gegenüber. Leider geschah das nicht in einem Flugzeug, sondern darunter. Gemeinsam wuchteten wir die Gepäckstücke auf den Wagen und bedachten unser Schicksal. Mr. Redwood war der Meinung, sein Unglück sei größer als meines, weil vorher auch sein Glück größer war. Vom Sohn, Erben und Nachfolger eines Redwood zum zwielichtigen Chef in einem fremden Land herabzusinken, und anschließend vom zwielichtigen Chef zu einem Gepäckverlader, mit dem jeder nach Herzenslust herumbrüllen konnte, sei doch etwas ganz anderes, als lediglich den Abstieg vom Theoretiker der unsichtbaren Hand zum gewöhnlichen Handlanger verkraften zu müssen.

Dies konnte ich nicht unwidersprochen lassen, und so stritten wir miteinander, während wir Koffer von Gepäckwagen in Flugzeuge luden und von Flugzeugen auf Gepäckwagen, Tag um Tag, Woche um Woche, Monat um Monat; und gewiß wäre das Jahr um Jahr so weitergegangen, hätte das Wiedersehen mit Ihnen der etwas lang andauernden situativen Ausnahme, die ich Mr. Redwood unentwegt zu erklären suchte, nicht unverhofft ein Ende gemacht.«

»Nun, verehrter Dr. Francis«, erkundigte sich Candy, »als Sie am Strick baumelten, durch fremde Täler irrten, in Terroristenlagern Bomben bauten und schließlich gezwungen waren, mit Mr. Redwood die Koffer von Leuten zu verladen, deren individuelle Freiheit viel größer war als die von Ihnen beiden zusammengenommen, unabhängig davon, wem von Ihnen es schlechter ging – als Sie das erlebten, glaubten Sie da trotzdem noch an die unsichtbare Hand, die durch Angebot und Nachfrage die verschiedenen Interessen ausgleicht, auf lange Sicht alles in Ordnung und den Menschen immer mehr Wohlstand bringt?«

»Wie denn nicht«, antwortete Dr. Francis. »Ich denke ausschließlich in großen Zügen und auf lange Sicht und kann auf die Kleinigkeiten, die dem viele Jahre durchdachten System täglich entgegenstehen, keine theoretische Rücksicht nehmen. Alles in allem gibt es nichts Wahreres als die Neue Weltordnung, die unsichtbare Hand des Marktes und das Ende der Geschichte.«

*Kap.
219

Wie Candy Condola und die alte Frau wieder traf*

Am nächsten Tag mietete Candy ein Taxi, und alle fuhren zur Fischfabrik am Marmarameer. Mr. Redwood, Dr. Francis, Thomas und Kakao mußten sich zu viert die Rückbank teilen. Candy saß vorn auf dem Beifahrersitz, denn er war es schließlich, der bezahlte.

Während der Fahrt wurden allerhand Betrachtungen über den Gang der Geschichte und das Schicksal des Menschen angestellt, über die Freiheit des Individuums, die nicht immer vorhandene Einsicht in die Notwendigkeit, die Regel der situativen Ausnahme und über die Effizienz des Marktes, die jedem kurzfristigen Plan auf lange Sicht überlegen war. Auch der Chauffeur gab seine Erfahrungen zum besten und verglich das Taxigewerbe in Istanbul mit dem Gemüsehandel in Neukölln, wo er aufgewachsen war und als Migrant der dritten Generation schlechter Deutsch gesprochen hatte als einer in der ersten. Wie es seine Großeltern von Apulien nach Berlin und ihn von Berlin an den

Bosporus verschlagen hatte, war noch nicht zur Sprache gekommen, als sie die Fischfabrik erreichten.

Candy zog in der Personalabteilung Erkundigungen ein, und bald wurden Condola und die Alte zu ihnen herausgeschickt. Mr. Redwood erbleichte, als er Condola in einer mit Blut, Schuppen und Innereien besudelten Schürze auf sich zuwatscheln sah. Candy wich vor Schreck einen Schritt zurück. Kakaos Beschreibung von Condolas Zustand war eine heillose Übertreibung gewesen, und Candy mußte sich sehr am Riemen reißen, um dem Unheil und Condola tapfer ins Auge zu blicken. Sie umarmten einander, während Kakao die alte Frau begrüßte. Dr. Francis nickte lächelnd vor sich hin, Thomas stand stumm dabei, Mr. Redwood zog indigniert die Brauen hoch.

Nachdem sich alle wiedergefunden hatten, war in den kommenden Tagen die Frage zu klären, wie man beisammenbleiben konnte. Die Alte schlug vor, ein kleines, ein wenig heruntergekommenes Hotel zu übernehmen, das gerade zum Verkauf stand. Es lag am Marmarameer, jedoch weit genug weg von der Fischfabrik, um potentielle Gäste nicht abzuschrecken und den Möchtegerngastgebern weder durch den Geruch die gemeinsame Zukunft zu verderben noch durch den Anblick die jüngste Vergangenheit allzu gegenwärtig zu halten.

Vor allem Condola lag viel daran, jeden Gedanken an diese Vergangenheit auszulöschen, und was wäre dafür geeigneter gewesen, als ihre Errettung durch eine Hochzeit zu besiegeln. Daß ihre Schönheit nicht mehr auf dem jüngsten Stand war, zog sie als Hinderungsgrund nicht in Betracht, und Candy, der wehmütig an seine jugendlichen *Pretty Woman*-Träume mit Cadillac zurückdenken mußte, brachte es nicht fertig, die einst ersehnte Ehe zu verweigern, so wenig er sich nun daraus machte.

Als Condolas Bruder von den Plänen erfuhr, geriet er außer sich: »Niemals werde ich hinnehmen, daß eine Redwood sich dazu hergibt, sich einem – einem Ich-weiß-nicht-was hinzugeben.«

Condola machte ihren Bruder auf die besonderen Umstände aufmerksam, die dieser Heirat zugrunde lagen. Aber Redwood verschränkte die Arme und blieb hochnäsig bei seiner Ablehnung.

»Sie elender Idiot«, schrie Candy, »ich habe Sie aus Ihrer Gepäckschlepperstelle herausgeholt, ich habe Ihre Schwester aus der Fischfabrik herausgeholt, ich bezahle unseren Lebensunterhalt, ich sorge mit dem Kauf des Hotels für unser aller Zukunft. Und Sie wagen es, mir mit Einwänden zu kommen. Ich könnte Ihnen glatt den Golfschläger noch einmal über den Schädel ziehen.«

»Nur zu, nur zu«, kreischte Redwood, »trotzdem werden Sie nie und nimmer meine Einwilligung zu dieser Heirat bekommen, so wahr wir Redwoods sind und Sie ein Ich-weiß-nicht-was.«

Genaugenommen machte sich Candy noch weniger als nicht mehr viel aus einer Heirat mit Condola. Zu sehr hatten sich die Verhältnisse und die an ihnen beteiligten Personen verändert. Nur die Überheblichkeit Redwoods und die Eindringlichkeit Condolas ließen ihn in Istanbul vollziehen, wovon er in Venedig geträumt hatte.

Was den unerträglichen Redwood betraf, beriet er mit Dr. Francis, Thomas und Kakao, wie man weiter verfahren solle. Dr. Francis regte eine kritische Debatte an, um Condolas Bruder zur Vernunft zu bringen. Thomas schlug geradewegs vor, ihn ins Marmarameer zu werfen. Kakao meinte, man solle ihn sich selbst überlassen, der hohe Herr könne ja in seinen Job als Gepäckverlader zurückkehren. Dies wurde beschlossen und ausgeführt, ohne Rücksicht auf Condolas schwache, schwesterliche Einwände.

Man könnte vermuten, Candy sei froh gewesen, daß die schicksalhaften Verwicklungen sich endlich halbwegs vernünftig zu entwickeln schienen. Er hatte sich trotz innerem Widerstreben mit seiner gewesenen großen Liebe vereint und sich mit äußerstem Nachdruck Redwoods entledigt, und er besaß genug Geld, um mit Condola, Dr. Francis, Thomas, Kakao und der Alten ein normales Leben zu führen. Allerdings hätte es etwas mehr Geld sein können und Condola etwas weniger frustriert und auch die Alte nicht ganz so kränklich. Kakao, der sich um das Hotel kümmerte, war mit Arbeit überhäuft und fluchte dauernd vor sich hin. Dr. Francis bekam Depressionen, weil er keine Möglichkeit sah, seine Ideen unter ein kompetentes Publikum zu bringen. Thomas wiederum schritt so penetrant gleichgültig durch die Tage, daß es einen zum Wahnsinn treiben konnte.

Manchmal diskutierten sie ein wenig über Gott und die Welt, aber wenn Dr. Francis versuchte, das Gespräch mit unsichtbarer Hand zum Ende der Geschichte hinüberzuleiten, legte jeder deutlich sichtbar die Hand auf den Mund und begann zu gähnen. Zum Glück gab es in den Fernsehnachrichten so viel Unglück, Elend und Not zu sehen wie eh und je. Hier ein Erdbeben, dort eine Hungersnot; hier Überflutung, dort Trockenheit; hier ein schmelzender Gletscher, dort der härteste Winter seit Beginn der Wetteraufzeichnungen. Im einen Teil der Welt brach eine große Bank zusammen, in einem andern Teil ein kleiner Staat. Im Norden und Westen sorgten sich viele Menschen um die Zukunft, im Osten um die Vergangenheit, im Süden um die Gegenwart. Immerzu wurde irgendwo ein Potentat gestürzt, doch nach den kurzen Festen der Freiheit folgte jedesmal der lange Kater enttäuschter Hoffnungen. Dauernd ging irgendwo der Ausnahmezustand in den Notstand und der Notstand in den Ausnahmezustand über. Permanent folgte irgendwo eine Krise auf die andere, ohne daß auch nur ein einziges der Probleme gelöst wurde, die zur Krise geführt hatten. Ununterbrochen wurden irgendwo Reformen durchgeführt, die nach der Reform die Reform der Reform notwendig machten. Der Zwist stand bei allem am Anfang, und des Haderns war kein Ende.

Hätte dies nicht Stoff für Gespräche und Diskussionen gegeben, Öde und Langeweile hätten im Hotel am Marmarameer überhandgenommen und zu wer weiß welchen Katastrophen geführt. Sogar die Alte, die ständig über Mattigkeit klagte, jammerte zugleich, daß in ihrem Leben nichts mehr los sei, absolut nichts: »Manchmal frage ich mich, was schlimmer ist: kurz vor der Hochzeit verlassen zu werden, überfallen und verschleppt, gedemütigt, herumgestoßen, Verführern und Beschützern preisgegeben, falsche Hoffnungen in die falschen Versprechungen eines falschen Retters aus dem eisentürmigen Paris setzend, bei einem Warlord als Hausmeisterin und in einer Fischfabrik in der Kantine arbeitend – kurzum, ob es schlimmer ist, all das Elend zu ertragen, das wir im Leben durchgemacht haben, oder hier herumzulungern und zu sterben vor Langeweile.«

»Wer kann das wissen«, antwortete Candy und zog mit der Hand vage einen unsichtbaren Kreis in die Luft.

Die Klage der Alten führte zu einer weiteren Diskussion und die Diskussion zu noch mehr Klagen. In den Herzen lag der Mißmut wie ein abgetretener Teppich im Flur, und der abgetretene Teppich, der tatsächlich im Hotelflur lag, rief noch mehr Mißmut hervor. Der Mißmut machte trübsinnig, der Trübsinn niedergeschlagen, die Niedergeschlagenheit mißmutig – und alles fing wieder von vorn an.

»Wahrscheinlich liegt es in den Genen«, sagte Thomas, »daß die Menschen entweder von der Ruhelosigkeit zu Tode gehetzt oder von der Langeweile der Lebensfreude beraubt werden.«

Candy war damit nicht einverstanden, konnte aber nicht sagen, womit er einverstanden gewesen wäre. Dr. Francis zog höchstpersönlich sämtliche seiner Theorien in Zweifel, was er niemandem sonst gestattet hätte, nur um sie dann noch hartnäckiger zu vertreten. Condola blickte stumpfsinnig auf ihre Finger hinab, deren Nägel bis auf die Betten abgekaut waren, seit sie die Hände in den Schoß legte. Die Alte hätte ihre Tirade von vorn begonnen, wäre sie nicht durch den Schlaf von sich selbst erlöst worden.

Doch eines Tages passierte etwas, was Thomas in seinem Grundsatz bestärkte, sich unter keinen Umständen von irgendwelchen Umständen aus der Ruhe bringen zu lassen. Das Ereignis verblüffte Candy und brachte Dr. Francis in Verlegenheit: Franziska und Attaché Soufflé betraten das Hotel. Sie sahen schrecklich mitgenommen aus. Franziska hatte sich, unterstützt von Candys Geld, selbständig gemacht, war aber nach dem selbständigen Verbrauch des Geldes wieder zu Soufflé zurückgekehrt. Soufflé hatte sich wegen Franziska erst mit seinem Bruder und dann mit dem Rest der Familie überworfen, und zwar weniger aus Liebe, als aus Prinzip. Lange waren sie nahezu mittellos in der Weltgeschichte herumgeirrt. Jetzt standen sie an der Rezeption mit zerrissenen Rucksäcken zwischen ihren Füßen und kamen aus dem Staunen nicht mehr heraus.

»Um Himmels willen, Franziska«, stöhnte Dr. Francis, »was ist mit dir geschehen? Weißt du, was ich alles erleben mußte, seit wir uns aus den Augen verloren haben? Sogar gehängt hat man mich. Und du, was ist bloß aus dir geworden? Ach, was ist das bloß für ein Leben, das die schönste aller Theorien auf so häßliche Weise Lügen zu strafen scheint.«

Das überraschende Auftauchen Franziskas und Soufflés führte zu erneutem Klärungsbedarf und dieser zu erneuten Erklärungsangeboten von Dr. Francis. Doch gelang es ihm nicht, Nachfrage und Angebot in Übereinstimmung zu bringen. Das veranlaßte ihn, den Rat eines Philosophen zu suchen, der in den Hafenkneipen am Marmarameer berühmt war wie nur irgendein Denker an irgendeiner Universität. Der Mann stand im Ruf, sich ohne Hilfe von Büchern über den gesunden Menschenverstand hinaus in höhere Weisheiten hineinzusteigern.

Candy und Dr. Francis fanden den Denker in recht bedenklichem Zustand vor, um nicht geradeheraus zu sagen: der Mann war völlig bekifft. Seine Pupillen weiteten sich, und obwohl er nicht mehr sehen konnte, was ihm direkt vor der Nase lag, schien er in weiter Ferne das Wesen der Dinge zu schauen. Dr. Francis hatte eine etwas andere Auffassung von der langen Sicht, grüßte jedoch ehrerbietig und fragte: »Was hat es mit der Menschheit wohl auf sich, und zu welchem Zweck sind wir auf der Welt?«

»Was geht das dich an?« gab der Philosoph vom Marmarameer grob zurück. »Laß bloß die Menschheit in Ruhe. Hast du mit dir nicht genug zu tun?«

»Aber guter Mann«, mischte Candy sich ein, »es gibt so viel Schlimmes und noch viel Schlimmeres auf der Welt, da muß man doch überlegen, ob ...«

»Was gibt es da zu überlegen? Kümmert sich ein Reeder um das Wohlbefinden der Mäuse auf seinen Schiffen? Kümmert sich die Sonne um den Mond? Fragt der Regen, ob dem Frosch im Teich die Tropfen gefallen?«

»Was soll man also tun?« ließ Candy nicht ab. »Wir können doch nicht einfach ...«

»Doch, könnt ihr.«

Dr. Francis war enttäuscht: »Eigentlich hatte ich ein Gespräch auf Augenhöhe erwartet, denn die Spiritualität des Orients könnte mit dem abendländischen Rationalismus eine vielversprechende, auf lange Sicht vielleicht sogar zukunftsweisende Verbindung eingehen.«

Als der Philosoph das hörte, sanken ihm erschöpft die Lider über die Augen, und er murmelte: »Ich brauche ein Pfeifchen, ich brauche unbedingt ein Pfeifchen.«

Da nichts mehr aus ihm herauszubringen war, beschlossen Candy und Dr. Francis die Rückkehr ins Hotel, das sie nach wie vor hauptsächlich selbst bewohnten.

Unterwegs sahen sie vor einem nicht übermäßig großen, aber gut instand gehaltenen Haus einen alten Mann in der Sonne sitzen, der Kürbiskerne knackte und die Schalen auf den Boden spuckte. Es lagen schon ziemlich viele Schalen auf dem Boden, was darauf schließen ließ, daß die Mußestunde des Mannes schon den halben Tag dauerte. Dr. Francis, dessen Redseligkeit bei dem Philosophen auf so wenig Entgegenkommen gestoßen war, ließ es sich nicht nehmen, den freundlich blinzelnden Alten anzusprechen: »Sie müssen ein zufriedener Mensch sein, will mir scheinen. Bestimmt hat die unsichtbare Hand dafür gesorgt, daß Ihrem Leben auf lange Sicht ein ruhiger Lebensabend gefolgt ist.«

»Von einer unsichtbaren Hand weiß ich nichts«, antwortete der Alte, »nur von diesen beiden da, vorn an meinen Armen. Die allerdings hatten mit dem und für das, was Sie meinen ruhigen Lebensabend nennen, eine ganze Menge zu tun.«

Bevor Dr. Francis etwas erwidern konnte, sagte der Alte: »Die Sonne steht hoch, es wird zu heiß. Möchten Sie nicht in mein Haus kommen?«

Dankbar nahmen Dr. Francis und Candy das Angebot an. Ein wenig Schatten, etwas Kühle und ein erfrischendes Getränk würde ihnen guttun.

Der Alte hatte Töchter und Söhne, es war nicht genau auszumachen, wie viele, und die Töchter und Söhne hatten wiederum Söhne und Töchter. Im ganzen Haus herrschte fröhliche Betriebsamkeit, nur in einem kleinen Garten rund um einen Brunnen auf der anderen Seite des Gebäudes war es still, wenn auch hin und wieder der Laut eines lachenden Kindes herausdrang oder der eines weinenden, denn auch die Idylle hat ihre Tränen.

»Ich vermute, Sie sind ein wohlhabender Mann«, sagte Candy, der hoffte, am Ende doch noch einen glücklichen Menschen gefunden zu haben.

»Freilich befinde ich mich wohl«, sagte der Alte, »aber als wohlhabend würde ich mich nicht bezeichnen. Ich war mein Leben lang fleißig, erst in deutschen Autofabriken, dann in türkischen Touristenregionen und schließlich auf eigenem Grund und Boden. Und Allah sei Dank wurden die Früchte meines Fleißes nicht wie so oft von Umständen verdorben, auf die selbst der Fleißigste keinen Einfluß hat. Das Rad der Geschichte dreht sich unaufhörlich, und heute wie zu allen Zeiten müssen große wie kleine Leute aufpassen, nicht unter die Räder zu kommen.«

Dr. Francis setzte zu einer Entgegnung an, doch der freundliche Alte winkte einen seiner Enkel herbei, der sich beim Spielen hinter das Haus verirrt hatte, nahm ihn zwischen die Knie und streichelte ihm die erhitzten Bäckchen. »Das ist die Zukunft«, sagte er, »alles andere wird sich finden, wie es sich schon immer gefunden hat, auf gute und schlechte Weise, auf lange und kurze Sicht.«

Als sie wieder zu Hause waren, sagte Candy zu Dr. Francis: »Das gewöhnliche Schicksal des Alten ist dem außergewöhnlichen der sechs Fremden in Venedig bei weitem vorzuziehen, was meinen Sie?«

»Größe ist immer gefährlich«, antwortete Dr. Francis, »gerade nach dem Ende der Geschichte haben wir das wieder und wieder erlebt. Reihenweise wurden die Machthaber gestürzt. Der rumänische Diktator Ceausescu und seine Frau wurden erschossen wie Hunde. Noch heute kann man auf Youtube Videos ansehen, die zeigen, wie junge Milizionäre den beiden mit Schnüren die einst allmächtigen Hände fesseln und sie zur Exekution zerren. Auf einem anderen Video kann man sehen, wie Saddam Hussein von einem schwarz maskierten Henker eine Schlinge um den Hals gelegt wird, die besser geknüpft ist als die um den meinen. Auf wieder einem anderen sieht man, wie Milošević vor dem Tribunal in Den Haag die Opfer seiner Vertreibungspolitik zu diskreditieren sucht, und auf einem weiteren sieht man den früheren Machthaber von Liberia, wie er während seines Prozesses im Haag seinen Sinn für Menschlichkeit erklärt, während die Staatsanwaltschaft eine berühmte Schauspielerin und ein Supermodel von seinen Blutdiamanten berichten läßt. Und außerdem ...«

Candy unterbrach die Rede von Dr. Francis, nicht wegen der Diamanten, die er sich an Condolas fleischigen Ohren ohnehin nicht mehr vorstellen konnte, sondern weil er spürte, daß die Rede jeden Moment in eine Ringvorlesung über die letzten zwanzig Jahre der Geschichte bis zu ihrem Ende überzugehen drohte, wenn er nicht der Rede selbst ein Ende machte: »Wir sollten uns ein Beispiel an dem freundlichen Alten nehmen.«

»Das wird nicht falsch sein«, stimmte Dr. Francis zu. »Die Unterstützung der Leistungsbereitschaft im Eigeninteresse hat immer zu meinem Credo gehört.«

»Wir sollten weniger diskutieren und mehr arbeiten«, brummte Thomas, »denn irgend etwas muß man tun, will man sich aufs Nichtstun freuen.«

»Think positive«, bekräftigte Dr. Francis, bei dem Diskutieren und Handeln, Theorie und Praxis immer unsichtbar Hand in Hand gingen, weshalb das meistens übersehen wurde.

Jeder machte sich an die Arbeit, jeder tat, was er konnte. Kakao arbeitete beinahe noch mehr als vorher, fluchte aber viel weniger, weil er sah, daß nun auch die anderen zupackten: Dr. Francis saß an der Rezeption und führte endlose Telefonate über Angebot und Nachfrage, die Alte führte die Gäste auf ihre Zimmer, Franziska führte die Küche und Condola die Bücher, schließlich war sie eine Redwood. Candy und Thomas renovierten nach und nach die heruntergekommenen Räume und legten einen Garten an. Sogar Soufflé machte sich nützlich. Er konnte nicht nur essen, sondern auch kochen. Im Grunde seines Herzens war er ein gutmütiger Mensch, was immer daran zu erkennen ist, ob sich jemand freut, wenn es anderen fast so gut schmeckt wie ihm selbst. Franziskas Oberhoheit in der Küche erkannte er gerne an, solange er seinen Probierlöffel in jeden Topf stecken durfte.

Alle waren beschäftigt, niemand kam ins Grübeln. Nur Dr. Francis fiel gelegentlich in seine alte Gewohnheit zurück und theoretisierte.

»Wenn man genau überlegt«, sagte er dann zu Candy, »ist die Geschichte am Ende doch gut ausgegangen. Die unsichtbare Hand hat auf lange Sicht doch keinen kurzen Arm. Hätte man Sie nicht vom Anwesen der Redwoods vertrieben, wären Sie nicht zur Armee gekommen, und ohne die Armee nicht nach Deutschland. Sie hätten den Wiedertäufer nicht kennengelernt und wären nicht mit mir nach Moskau geflogen. Und wenn Sie nicht mit mir nach Moskau geflogen wären, hätten Sie mich nicht hängen sehen, wären nicht über die Leichname von Cash Flow und Bumbum geschritten wie nur je ein großer Feldherr über die Toten des

Schlachtfelds. Sie wären nicht mit Korrupinsky aneinandergeraten und nicht durch Balkanien und Balkanesien gereist. Sie hätten Mr. Redwood nicht erschlagen und wären nicht über London nach Hongkong gekommen, von Hongkong nach Shenzhen, von Shenzhen nach Hamburg, von Hamburg nach Berlin, von Berlin nach Venedig und schließlich von Venedig nach Istanbul. Und in Istanbul, um zum Ende der Geschichte zu kommen, hätten Sie Condola nicht wiedergefunden, wenn Sie am Anfang nicht von Redwood verbannt worden wären.«

»Das mag alles richtig sein«, erwiderte Candy, »aber jetzt muß ich mich um den Garten kümmern.«

Inhalt